7

Jul.

你真的安全吗

一看就懂的反诈指南

陈国平——著

民主与建设出版社

·北京·

© 民主与建设出版社，2023

图书在版编目（CIP）数据

你真的安全吗：一看就懂的反诈指南 / 陈国平著
. -- 北京：民主与建设出版社，2023.2
ISBN 978-7-5139-4101-3

Ⅰ.①你… Ⅱ.①陈… Ⅲ.①诈骗—预防—中国—指南 Ⅳ.①D669.8-62

中国国家版本馆CIP数据核字（2023）第019922号

你真的安全吗：一看就懂的反诈指南
NI ZHENDE ANQUAN MA: YIKANJIUDONG DE FANZHA ZHINAN

著　　者	陈国平	
责任编辑	郭丽芳　周　艺	
封面设计	青空工作室	
出版发行	民主与建设出版社有限责任公司	
电　　话	（010）59417747　59419778	
社　　址	北京市海淀区西三环中路10号望海楼E座7层	
邮　　编	100142	
印　　刷	北京世纪恒宇印刷有限公司	
版　　次	2023年2月第1版	
印　　次	2023年2月第1次印刷	
开　　本	880mm×1230mm　1/32	
印　　张	11.375	
字　　数	266千字	
书　　号	ISBN 978-7-5139-4101-3	
定　　价	65.00元	

注：如有印、装质量问题，请与出版社联系。

前言

　　2018 年，我回老家，发现文化程度不高的母亲在看网络直播，我突然意识到，最基层的群众很容易接受短视频、直播等较新的传播形态；同时，以电信网络诈骗为代表的新型诈骗犯罪活动日益猖獗，成为公安机关面临的重点和难点问题。作为一位反诈民警，我为什么不利用网络宣传把防范电信网络诈骗的知识呈现和宣传出来呢？于是，从 2018 年开始，我利用业余时间拍摄反诈短剧，创作反诈歌曲，进行网络直播，积极推动反电信网络诈骗宣传工作。

　　利用网络宣传反诈知识，不仅操作简单方便，内容更接地气，俭省人力、物力和财力，而且宣传范围广、关注的老百姓多，效果非常好。三年网络宣传的实践和经验积累，也让我的人气和流量得到提升。2021 年 9 月 3 日，从下午 5 点到晚上

11 点，我进行了 6 个小时的直播，利用 PK 和与各大主播连麦宣传反诈，一场观看人数就高达 1.2 亿，其他各大主播都参与宣传，迎来几亿人次关注反诈，一度把反诈宣传推向高点。我的直播开场白"我是反诈主播，请问您是什么主播""您下载'国家反诈中心'APP 了吗"等，也成为当时的网络热门用语。

人气和流量只是反诈工作附带而来的东西，对我来说，更重要的是越来越多的人民群众能够理解和掌握反诈常识。因此，2022 年辞职之后，我将积累的电信网络诈骗案例及防范知识整理成书，希望更系统地将自己多年的反诈经历呈现给大众，让更多的人懂得保护自己、防止被骗，指导正在被骗、已经被骗的人如何应对和处理。

按照诈骗分子是否与受害者当面接触，诈骗可分为接触式诈骗和非接触式诈骗。本书的主题——电信网络诈骗，均属非接触式诈骗，传统的接触式诈骗不在本书涉及范围之内。此外，电信网络诈骗的分类标准诸多，个人认为电信网络诈骗形式日新月异，不必将其分类变成学院派式的固定说法，容易引起各种争论，书中划分"网络诈骗""电信诈骗""情感诈骗""其他常见诈骗"仅作为形式呈现，实际案例大多属于混合型。

第二单元是本书的重点，介绍了电信网络诈骗的主要类型及相应案例，包括"骗局自述 / 回放""骗术分析"和"防骗指南"。"骗局自述"以诈骗分子的视角揭秘相应诈骗类型的基本套路，将故事和骗术相结合，旨在让读者有一种身临其境的感觉，产生换位思考、痛定思痛的效果。

"被诈骗后的心理重建"则是笔者多年从事反诈工作的心得，也是一般反诈类图书鲜有提及的内容。电信网络诈骗的受害者少则损失数月数年的收入，多则一生的积蓄化为乌有，甚至背上无法承受的巨额贷款。这会严重损害受害者的心理健康，帮助其进行受骗后心理重建，重新有勇气拥抱正常生活，应是反诈工作的题中之义。

命运要掌握在自己手中。一旦被骗，无异于出让了对自己人生的掌控权，结果如何无人可以想象，因此，加强自我防范意识至关重要。愿我的每一位读者能够通过这本书认识到电信网络诈骗的多样性和复杂性，并能够看清诈骗的本质。

笔者水平有限，书中难免存在错漏之处，衷心希望得到广大读者的批评指正。

目 录

———

第一单元
电信网络诈骗的前世今生

———

第二单元
电信网络诈骗主要类型及其案例

———

第三单元
被诈骗后的正确处理方式

———

01

电信网络诈骗的
前世今生

从诈骗到电信网络诈骗

诈骗并不是新生事物，像盗窃、强奸等罪行一样，自古以来就有。"诈骗"一词最早的文献记载，出自元代无名氏的杂剧《包龙图智赚合同文字》第三折："这厮故意的来捏舌，待诈骗咱的家私哩。"清代顾炎武《与人书》中也有云："又审出此书即系去年斩犯沈天甫诈骗吴中翰之书，奉旨所云'海中带来者'。"但是这些仅仅是文字记载，实际上，真正的诈骗行为伴随着整个人类文明史的发展。

我的家乡是河北秦皇岛，这里有一个著名景点——秦皇求仙入海处，说起来，中国古代历史上最著名的诈骗受害者当数秦始皇。清人邱琼山在《纲鉴合编》中曾讲道："始皇既平六国，凡平生志欲无不遂，唯不可必得志者，寿耳。"公元前221年，秦始皇统一六国，这辈子想做的事情没有做不成的，唯一拿不准的就是长生不老。这时，"保健品推销员"徐福出现了，他告诉秦始皇："海上有三座仙山，分别是蓬莱、方丈和瀛洲，是仙人所居之地，要不您给我几个人，我去找找看。"秦始皇信以为真，数次给徐福拨付人手和谷物等，在长生不老药上狠狠砸钱，可惜直到他驾鹤西去也没有等来好消息，徐福则跑到平原广泽之地称王，从此一去不复返了。

按今天对诈骗的分类，以上应该属于老年骗局中的保健品推销诈骗。由此可见，古代骗术超出今人的想象，当时有人总结出"江湖十大骗术"，即风、马、燕、雀、瓷、金、评、皮、

彩、挂，其中大多沿用至今。如"瓷"就是"碰瓷"，只不过在古代，确实有人抱个瓷瓶走在大街上，看到那些衣着华贵的人就靠上去，"一不小心"把瓷瓶打破了，哭天喊地地要求赔偿。

有诈骗就有反诈骗，明代张应俞写了一本书叫《骗经》，也叫《杜骗新书》，这是中国第一部专业反诈骗书籍。书中收录了脱剥、丢包、换银、诈哄、伪交、牙行、引赌、露财、谋财、盗劫、强抢、在船、诗词、假银、衙役、婚娶、奸情、妇人、拐带、买学、僧道、炼丹、法术、引嫖24种骗术，罗列案例84则。其中，谋财骗就是我们所说的"投资理财诈骗"，婚娶骗即"婚恋交友诈骗""杀猪盘"。可见从古至今，中国的反诈骗一直在进行中。

随着人类进入信息社会，诈骗逐渐从街头走向网络，从接触型诈骗转向非接触型诈骗。正如传统行业在互联网的赋能下进入新业态，即"互联网＋一切"，凡事一体两面，传统的诈骗也随之插上了电信互联网的翅膀，电信网络诈骗成为当前诈骗的最主要形态，被互联网"赋能"的诈骗爆发出潘多拉魔盒般的惊人威力，成为对整个社会和全体公众极具危害性的"庞然巨兽"。

那么，什么是电信网络诈骗呢？

电信网络诈骗是指通过电话、网络和短信方式，编造虚假信息，设置骗局，对受害者实施远程、非接触式诈骗，诱使受害者打款或转账，导致其财产损失的犯罪行为。

　　与传统诈骗相比，电信网络诈骗具有手段的多样性、行为的隐蔽性、成本的廉价性、传播的广域性、犯罪的连续性，以及后果的难以预测和不可控性等特点。这些特点也决定了电信网络诈骗的社会危害性远远大于传统和普通诈骗。

　　全球反诈骗联盟（GASA）与诈骗、钓鱼网站检测网站ScamAdviser 合作发布的《2022 年全球诈骗状况报告》显示，2021 年全球报告的诈骗案达 2.93 亿起，损失金额为 553 亿美元，案发数比 2020 年增加 10.2%，损失金额增长 15.7%。诈骗不再是"地方性疾病"，而是几乎分布在世界各地、影响所有国家和地区的"顽疾"，而发展中国家成为诈骗案件爆发式增加的地区，这些国家包括菲律宾、巴西、尼日利亚、肯尼亚和沙特阿拉伯等。覆盖面之广、危害程度之重，骇人听闻。拿菲律宾举例，超过一半的菲律宾人成为诈骗分子的目标，其中至少有11%的人最终成为受害者。同时，该报告还指出，在大部分国家，受害者在被诈骗后，会报案的所占比例极低。澳大利亚只有13%，以色列为9%，荷兰、法国为12%～17%。而世界各国危害最严重的诈骗形式均是"杀猪盘"诈骗。以美国为例，2021年"杀猪盘"诈骗报案率仅为2.3%，若算上未报案的案件，估计被诈骗总额高达3310亿美元。

而在中国，据相关统计数据显示，2021年，商业银行、支付机构根据公安部门的查询、止付、冻结指令，查询、止付、冻结涉诈资金1.5亿笔，紧急拦截涉诈资金3291亿元人民币，实际上未被拦截的资金完全超乎想象。2021年，全国检察机关共起诉电信网络诈骗犯罪4万人；起诉帮助信息网络犯罪活动罪近13万人，同比上升超8倍，在各类刑事犯罪中位居第三。此外，为上游犯罪分子转移诈骗资金等的掩饰隐瞒犯罪所得、犯罪所得收益罪，组织人员到国外参与电信网络诈骗犯罪活动等的偷越国（边）境罪，侵犯公民个人信息罪的案件数量也增长较快，实际上参与以上相关犯罪活动的人数可能有被起诉者的数倍甚至数十倍之多。

从诈骗类型来看，刷单返利、"杀猪盘"、贷款、代办信用卡，以及冒充电商物流客服，居2021年诈骗案发量的前几位，合计占比高达 73.9%。

从总体损失金额来看，尽管"杀猪盘"诈骗案件量占比不到 20%，但是造成的损失却超过电信网络诈骗总损失的 40%，案均损失金额高达 17.07 万元，超过第二位的冒充领导、熟人诈骗近 30%，甚至是案均损失金额最低的网络游戏产品虚假交易诈骗的 10 倍以上，由于此类诈骗涉及情感、经济等多个方面，往往给受害者带来难以估量的严重危害。

电信网络诈骗已经渗透到日常生活的方方面面，形势之严峻远远超过我们的想象，它不仅令受害者蒙受财产和精神方面的巨大损失，而且引发了一系列严重的社会问题。电信网络诈骗已经成为每一个人躲不开、绕不过的坎儿，增强防骗意识，提升防骗能力，是每个公民的必修课。

我国电信网络诈骗的起源和发展历程

电信诈骗在中国发展起来之前，在西方发达国家已经"流行"了十余年。中国的电信诈骗最早于 20 世纪 90 年代初出现在台湾地区，当时主要的诈骗方式是利用发放传单或使用"王八卡"（冒名申请的电话卡）打电话，谎称受害者中了大奖，但是领奖之前，需要受害者先寄出一定额度的税金。在受害者汇出第一笔钱之后，再以"律师费""手续费""公证费"等名义要求其汇款，直到受害者自主察觉或"被榨干"为止。

这种诈骗方式成功率高、成本低、收益巨大，因此很快就成为台湾地区最重要的诈骗手法之一，大批不法分子乃至原本遵纪守法的公民先后踊跃加入。

电信诈骗案件在台湾地区激增，引起了极大的社会震动，台湾当局下重手加大打击力度。当时，台湾地区与大陆之间还未建立共同打击犯罪的机制，因此台湾诈骗集团看到了新的"发展机遇"，早早就把"产业外移"，将诈骗基地转移到福州。

2002 年前后，台湾诈骗集团还在福建建立移动电话业务基台。虽然早在 1997 年，大陆地区很多手机用户就开始陆续接到台湾诈骗集团的中奖诈骗电话，但是直到彼时，其主要诈骗对象仍然是台湾地区的民众。

这些诈骗集团在大陆一般以台商公司名义运作，为了节约成本，雇用了具有与台湾人相似口音的福建某地人充当打电话、取钱的马仔。

这些"台商公司"一般雇用 40 余人，内部采取军事化管理，严格限制外出。基层人员在打电话行骗之前，都会接受内部的严格培训，熟记话术后才会被允许上岗。诈骗团伙内部每天召开"总结会议"，对每一套剧本和每一个客户的反应进行复盘和优化，其版本迭代速度堪比现在的互联网公司。当时福州有一条街的"台商"都在暗地里从事电信诈骗，这里每天灯火通明，基层员工多达 2000 人，每人每天工作时间超过 12 个小时。

随着时间的推移，台湾地区居民因为受骗太多，大多数已经明白其中的套路，因此诈骗成功率逐渐降低。这时候，台湾诈骗集团突然"灵机一动"：跑来大陆做诈骗，只骗台湾人？背后才是广阔天地！

原本给台湾人充当"务工人员"的福建人，经过台湾诈骗集团的培训后开始单干，大陆本土最早的电信诈骗团伙在 2002

年前后出现，手法完全是台湾诈骗集团的翻版。

而全国诈骗案件的暴涨拐点是在 2003 年、2004 年，这有两个背景因素：一是这两年互联网在中国爆炸式增长；二是随着警方对福建省诈骗的重点整治，诈骗分子开始逃往深圳，电信诈骗又由深圳像病毒一样扩散至全国，并且逐渐呈现出明显的地域特征。

据相关新闻报道，仅 2006 年，台湾地区因电信诈骗损失金额高达 160 亿美元，受害者人数达四五万，于是台湾地区相关单位请求与大陆共同打击台湾电信诈骗集团。

2009 年 4 月，《海峡两岸共同打击犯罪及司法互助协议》签署之后，台湾诈骗集团的嚣张气焰稍微得到遏制，大陆也加大了对各地电信诈骗的打击力度，每年抓获大批涉案人员。不过，也正是由于这一打击，大陆和台湾地区的诈骗集团开始"集体出走"，在东亚、东南亚等地建立新的诈骗基地，触角遍及日本、韩国、泰国、菲律宾、马来西亚、印度尼西亚等国，利用不同国家、地区之间的壁垒，增加警方的打击难度。很多诈骗分子甚至获得了所在国家的国籍。

至此，电信网络诈骗不仅在地域范围上扩散蔓延，在手法上也迅速"进化"。从最早的虚假中奖诈骗开始，到 2002—2010 年各种诈骗剧本轮番上演，虽然剧情逼真，但技术含量普遍不高，多以危情、利诱等实施诈骗。比如，冒充医务人员，谎称外出人员在异地发生脑溢血等重症或遭遇车祸，以"手术费""医疗费"等为由诈骗其家属；多金富婆"重金求子"，以

"诚意金""公证费"等为由诈骗受害者。2010 年以后，电信诈骗在原有的作案手法基础上不断翻新，冒充公检法、银行、社保部门工作人员等。2012 年以后，随着网络、电脑和智能手机的普及，网络诈骗开始呈现出上升的趋势。犯罪分子通过钓鱼网站或伪基站盗取 QQ、微信等方式进行诈骗。到 2015 年，境外电信诈骗疯狂发展起来，对中国人实施网络投资诈骗、网络赌博诈骗、"杀猪盘"诈骗等；并且随着互联网技术的发展，以及借助大数据的精确算法，诈骗分子可以通过网络搜集完整的个人信息，实施精准诈骗。

　　根据公安部的粗略统计，从 2011 年起，大陆电信诈骗案的平均年增长率为 70% 以上。每年诈骗金额都在百亿元人民币，2015 年更是暴增至两百亿元人民币以上。至此，电信诈骗

已经发展为洪水猛兽，难以收拾。

虽然 2021 年中国的电信诈骗案件数仍然处于增长态势，但是随着"全民反诈在行动"的开展，电信诈骗受害者报案比例大幅度增加，反诈环境得到进一步改善，相关政策、法律、法规不断得到完善，相信在中国境内发生的电信诈骗会得到遏制。

你不了解的电信网络诈骗产业、诈骗集团和诈骗分子

近年来，电信诈骗分工日趋精细化，运作模式日趋产业化、集团化，逐渐形成上下游各环节勾连配合的完整链条，同时催生了大量为犯罪分子实施诈骗提供帮助和支持的黑灰产业链，各项产业、各个团队、各个工种分工明确，各负其责，各赚其钱。

在每一起电信诈骗案中，受害者面对的并不是一个传统意义上的骗子，而是一条诈骗产业链，除了直接负责诈骗的团伙，上下游至少附着几个提供不同"专业服务"的团伙，每项"专业服务"又发展衍生出自己的产业乃至产业链，电信诈骗生态"蔚为大观"，其复杂程度超乎想象。以下列举其中几个主要环节及其产业。

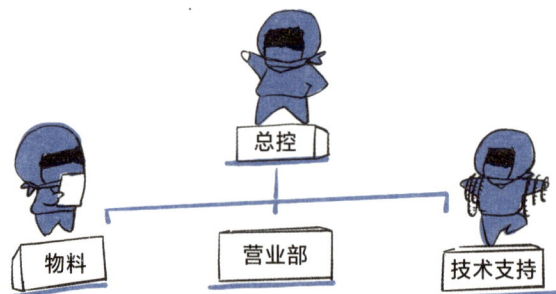

其一，倒卖个人信息产业。在信息化时代，公民个人信息成为犯罪分子实施电信诈骗的"基础物料"，这些信息包括个人身份信息、财产信息、购物和购票信息、快递信息、业主信息、车主信息、社保信息等。社会上不仅有不法分子通过做社工等手段非法获取大量公民个人信息，还有部分信息服务行业的"内鬼"，利用职务之便贩卖公民个人信息。除了批量收集和提供各种信息，不法分子会将这些信息按照区域、职业、年龄段等进行分类整理，此外还能提供"私人定制"服务，对收集的信息进行细加工，比如某人浏览过什么网站、关注什么内容等个人爱好、生活习惯均可以分析出来。有人收集信息，有人加工信息，有人倒卖信息，甚至有人将信息夹带出境，就这样，一条完整的倒卖个人信息产业链形成了，成为电信诈骗上游的帮凶。

其二，技术支撑产业。这一产业是诈骗分子实现电信网络诈骗的重要技术支持。电信诈骗过程中需要的匿名电话卡、网络电话平台、木马程序、钓鱼网站、虚假平台、伪基站等均出自这些技术团伙之手。

其三，卡证倒卖产业。电信诈骗实施过程中，诈骗分子让受害者将钱款转入指定账户，当然不会用自己的身份证办理银行卡。他们每天骗取的钱财不计其数，为了将这些钱财安全转移，需要大量的他人账户作为跳转媒介，从而逃避追查和打击，这就衍生出庞大的倒卖卡证黑产。标准的卡证"四件套"包括身份证、用这张身份证办理的手机卡、用这张身份证办理的银行卡和开通网上银行的U盾。除了"四件套"，银行卡和手机卡"两卡"，或者仅仅是非实名登记的手机卡也极受诈骗分子的青睐，是实施电信诈骗的必备工具。

其四，地下分赃、销赃产业。诈骗分子一旦诈骗成功，受害者完成转账，就进入了分赃、销赃环节。诈骗团伙利用第三方支付平台转移赃款和洗钱的手段主要有三种：一是通过一些第三方支付平台发行的商户 POS 机虚构交易套现；二是将诈骗得手的资金转移到第三方支付平台账户，在线购买游戏点卡、比特币、手机充值卡等物品，再转卖套现；三是利用第三方支付平台转账功能，将赃款在银行账户和第三方支付平台之间多次切换，使公安机关无法及时查询资金流向，逃避打击。目前，传统的三方支付、对公账户洗钱占比已减少，跑分平台加虚拟币洗钱的方式使用较多。

骗术不同，环节不同，相关产业也不同。以冒充公检法诈骗为例，从产业链上游依次往下，有专门负责收集、出售个人信息的犯罪集团，专门负责编写剧本的犯罪集团，专门负责打电话和制作虚假通缉令、工作证件的诈骗集团，专门负责转账取款的洗钱集团；若诈骗集团在境外，还有专门负责诈骗从业人员偷渡事宜的偷渡集团，以及为境外诈骗集团提供设备、场地、金融服务、网络服务的"其他集团"[①]等。

随着分工的精细化，以及为了风险的隔离与防范，电信诈骗不仅形成了一条龙的上下游产业链，而且直接负责诈骗的团伙日渐趋向集团化、公司化的运作模式，组织架构层级明显。我们再以冒充公检法诈骗为例，一个主要以冒充公检法手法实施诈骗的公司或集团，内部有勤务人员专门负责照顾大家的生活起居，乃至整理资料等事务，有一线冒充快递、商家、银行、医保社保、教育局、卫生部门等的工作人员，负责引诱受害者上钩，有二线冒充公安局工作人员继续恐吓受害者，还有三线冒充检察院、法院工作人员，要求受害者转款到安全账户

---

① "其他集团"是指明知为诈骗集团提供服务，却大力支持其活动的当地行政单位和社会团体、组织等。

等，对不同的角色有明确的分成制度和考核制度，在入职之初和一定工作周期进行剧本、话术本等的培训、复盘和优化，在电脑和手机等设备控制、作息时间、考勤外出、转账要求等方面有详细的管理规定。

那么，分布在诈骗产业链上和诈骗集团、公司中的诈骗分子，是些什么人？他们是在什么情况下去到东南亚做诈骗"挣大钱"的，在诈骗团伙、公司和集团中如何接受培训、工作和生活的呢？

网络上流传过一些段子，"这里是缅甸北部，我生长的地方""欢迎来到我的世界，娇贵的小公主"。网友在下面纷纷评论，"欢迎来到缅甸北部，一个充斥着犯罪的地方""欢迎来到缅甸北部，一个去了再也回不来的地方"……

网友的调侃在一定程度上道出了实情。自2009年《海峡两岸共同打击犯罪及司法互助协议》签署之后，随着国内的严厉打击，大陆和台湾地区的诈骗集团集体"移师"东南亚，缅甸、老挝、菲律宾、柬埔寨等国家成为电信诈骗分子的"天堂"。尤其是缅甸北部，军阀割据，不受中央政府管辖，所有诈骗团伙都在地方武装的支持、保护之下，可谓实实在在的"法外之地"。

电信诈骗分子不是天生的，他们在做诈骗之前都是与我们一样的普通人。

在这些人中，一部分被网络高薪招聘诈骗，或经过邻里、乡亲、同事等介绍去国外工作，被宣传的高薪所吸引，事先并

不知道是去做电信诈骗，在他们准备偷渡出境时才知道，但是看看同行的几十人，大多抱着试一试的心态选择继续偷渡。一部分人在国内的时候原本只知道吃喝玩乐，整日无所事事，再加上缺乏基本的社会公德和法律意识，听说能赚大钱，立马前往。

还有一部分人明知是去境外做电信诈骗，对法律也有一定的认知，但是缺乏社会责任感，自以为在境外可以逍遥法外：一是警方无法取得其诈骗证据；二是即使取得，也无法将其抓捕归案，所以通过"朋友"介绍进入诈骗团伙。这部分人多是来自国内典型的诈骗村、镇、县。当然也包括大量从 2002 年至今一直辗转东南亚国家做诈骗的犯罪分子。

在以上诸种因由作用之下，他们向诈骗集团提供身份证号，诈骗集团负责购买汽车票、动车票、飞机票等，他们不需要花一分钱，就来到了与东南亚国家接壤的边境城市。之后，通过渡河、穿越下水道、翻越山地、挖地洞等方式偷渡到境外。虽然一直以来边境警方花了很大的精力和成本以各种方式劝返，增加巡防人员和巡防频次，增设隔离网，但是收效甚微。

诈骗公司（集团）会安排"新人"一边参加培训，一边进行诈骗实践。不同的诈骗公司或集团培训的内容是完全不同的，但有一些相似的"科目"：一是如何用在网上找到的"套图"（包括他人的生活、工作、旅游照片、视频等资源）伪装自己；二是根据其个人经历，结合诈骗话术设计一个"高富帅"或"白富美"的人设；三是专业的诈骗话术培训；四是话术实操练习。或许有些人在网上会看到一些特别明显的诈骗话术，很有可能是诈骗分子在做练习，而潜在受害者与其互动的过程，在一定程度上是在帮助诈骗分子"精进"话术。更有甚者，有的受害者明知对方是骗子，还试图"感化"诈骗分子，结果常常是不分好坏地给诈骗分子转账，这也是二次诈骗的一种形式。因此，老陈提醒，若遇诈骗分子，请积极主动报警，或在"国家反诈中心"APP上进行举报。

大部分诈骗公司或集团的上班时间是10—24点，一般情况下，诈骗公司或集团不会规定诈骗分子在上班时间才能与受害者联系，只要受害者"有需要"，就是诈骗分子的上班时间，至于诈骗分子有时对受害者说自己在忙工作，主要是出于取得受害者信任的需要。此外，诈骗集团的小头目常常根据个人"心情"要求诈骗分子加班到凌晨一两点。工作环境视诈骗公司或集团的条件而定，一般情况下环境较好，每个诈骗分子会有一个办公位。

诈骗分子的生活条件一般，但是如果诈骗到钱，生活会特别"享受"。很多受害者一生的积蓄，到了诈骗分子手中只需要一周甚至更短时间内就被消耗殆尽，之后他们继续诈骗，周而复始。也许我们普通人无法想象，在一个只要有钱就什么都可以干的地方，人会做出什么样的行为，但是境外的诈骗分子就是在这种环境下，为了自己所谓的梦想努力着……

诈骗公司（集团）也会通过树立"英雄""榜样"的方式给其内部人员进行洗脑，这种急功近利、拜金主义的氛围会在很短的时间内感染大部分初入诈骗环境中的"新人"，对其心理造成持久的负面影响。网上经常可以看到各种诈骗分子被殴打、坐水牢的报道，实际上，诈骗集团的工作环境并非如此，诈骗头目并不会天天殴打其内部人员。这些被虐待的诈骗分子，要么是暂时没有骗到钱，要么是想尽办法逃离诈骗集团。而在诈骗集团中，只有极少数人经过系列培训后不去诈骗，只要去诈骗又极少有骗不到钱的。

2020年后，"全民反诈在行动"启动，对于从境外自首回国的偷渡者，辖区派出所会周期性地联系当事人，了解当事人的工作和生活情况，防止其再次进入诈骗公司或从事诈骗工作，同时为其心理重建打下一定的基础。

面对诈骗分子，我们每个人都应选择立即报案，或在"国家反诈中心"APP上进行举报。

为什么诈骗分子会找上你

电信诈骗案件持续高发，除了电信诈骗分子本身手段多样、行为隐蔽之外，还有多方面的原因。

首先，电信诈骗手法不断翻新。当今社会处在信息大爆炸的时代，除了论坛、博客、门户网站等的内容更新，微博、微信、微头条以及抖音、快手等随时随地可以发送内容和消息，人人都是自媒体，且任何一条内容下面都有可能产生大量的转发和评论……人们把有限的时间、精力投入各种能产生即时快感的热点和新生事物中，无法从中脱身去关注和探究其核心本质，获取有价值的信息和知识。

与此同时，在巨大利益的诱惑和驱使下，诈骗集团和诈骗分子则积极关注社会新闻，刻苦钻研新生事物，及时掌握国家政策，不断寻找新的着力点翻新诈骗手法，诈骗剧本和话术本迅速更新迭代。除了有专门的团队为诈骗集团单独定制话术外，大部分诈骗集团和诈骗分子也会根据受害者的实际情况，为其定制独有的剧本和话术，迷惑性和隐蔽性之强远超过我们的想象。因此，不了解诈骗的本质，仅凭一些表面的信息做出判断，是不能有效识别诈骗的。

其次，是诈骗分子极度扭曲的价值观。近年来，一些电信诈骗的重灾区被媒体曝光，这些地区的诈骗分子受功利思想、拜金主义的侵蚀，眼中唯有"利益"二字，他们靠诈骗"发家致富"后，成为当地的偶像，当地人争相求教，都想从中分一杯羹，价值观扭曲，丧失了人之所以为人的基本道德观。在极

度扭曲的价值观影响下，诈骗大军急遽壮大，甚至到了集体狂欢的程度。无数受害者被骗后除了遭受严重的经济损失，往往三观尽毁，彻底丧失自信，大多数陷入抑郁症的状态难以自拔，甚至有人选择结束自己的生命。更严重的是，电信诈骗的猖獗严重破坏了社会平稳运行的基本规则和道德底线，严重冲击了市场经济运行的法制基础和诚信基础，久而久之可能形成恶性循环，而价值观的引导与重建却需要十数年、数十年，乃至上百年的努力。

再次，监管跟不上电信诈骗形势的发展。随着新技术、新应用、新业态的发展，电信诈骗手法不断演变升级，各类社交征婚网站、直播软件、网贷平台等成为诈骗分子违法犯罪的主战场，诈骗广告、内容推送铺天盖地。不少传统媒体在销量下滑的情况下丧失节操，为了利益对诈骗信息不加审核，这些都为电信诈骗的发展推波助澜。为了增加客户的数量，虚拟运营商不落实实名制，导致很大一部分用于电信诈骗的号码源于虚拟运营商，大量"实名不实人"的银行卡、电话卡等被犯罪分子购买后用于实施电信诈骗，甚至用于进行网络贩毒、网络赌博，以致警方难以追查和打击……当前的监管力度和调整速度远远追不上电信诈骗形势的发展，在不少领域还处在艰难的摸索阶段。

最后，对电信诈骗的防范能力和打击力度存在进一步提升的空间。目前的电信诈骗大多跨地域、跨国境。公安部相关资料显示，当前电信诈骗犯罪境外作案占比达 80%。为了核查一个案件，民警往往要到多地调查，造成破案成本高、破案率低、破案周期长的现状；跨境诈骗则长期存在取证难、抓捕难、追赃难的困境。跨境诈骗的核心证据一般存储在电磁介质中，易于加密、篡改和销毁，网络服务器又设在境外，很难进行追踪和定位；同时，我国警方在境外没有执法权，境外取证和侦办必须依靠外国警方的执法支持，获得的证据不完整、不全面，甚至在东南亚，很多非国家政府实际控制区域的当权者往往直接或间接参与诈骗集团的组建和管理，并从中获得大量的利益。此外，境外电信诈骗涉案人员众多，分散在多个国家和地区，藏匿地点隐蔽，很难被一网打尽。诈骗分子骗取钱财之后，会迅速将赃款通过境外汇款终端机分多次多笔汇入不同账户，大部分赃款通过地下钱庄洗白，走向十分复杂，追查起来难上加难。一些金融类诈骗，如"e租宝"集资诈骗，往往披着民事纠纷、经济纠纷的外衣，在初期就规避打击，造成刑事民事化。惩处力度不足使诈骗分子更加嚣张，不仅诈骗时毫无顾忌，被抓捕后不以为意，而且出狱后往往很快重蹈覆辙，继续实施犯罪，因为在巨额的收益面前，无论是被抓还是服刑仿佛都是值得的。

2022 年 9 月，《中华人民共和国反电信网络诈骗法》正式通过，此法对通信、互联网、金融等关键环节、主要制度均做出详细规定，侧重前端防范，立足源头治理，按照完善预防性法律制度的要求建立联防联控机制，强化机关监管责任、企业社会责任以及人民的自主防范意识，强化了"预防管控"。可以说是针对以上困局的新思路。

正如以上分析，电信诈骗案件高发是多方面原因引起的，预防和治理需要全社会的共同努力。作为社会的一员，我们需要做好自己能力范围内的事情，与此同时，对不可控的事情尽量保持积极乐观的态度。

很多人被诈骗后可能都思考过一个问题：为什么诈骗分子会找上自己？其实，无论是何种骗术，无论花样如何翻新，所有的电信诈骗无不利用了人性的弱点和认知的缺陷。

具体来说，电信诈骗主要利用了人性中的贪婪和恐惧两大弱点。

大部分诈骗案件，是骗子利用了人们的贪念而实施成功

的。这种贪念主要体现在物质、利益、色情、感情等方面。

其一，利用人们对物质和利益的渴望，以及贪小便宜的心理。比如，校园贷诈骗，学生抱着攀比的心理过度消费，不慎掉入高利贷陷阱；网络刷单诈骗则是典型的虚假宣传、施以小利诱骗上钩的例子，宣传中常有"不限时间，不限地点，轻松赚钱""足不出户，日进斗金""动动手指，人生躺赢"等不费吹灰之力就能奔小康或变成富翁的神话，引诱人们浮想联翩，之后让上钩者先刷几单尝点甜头，骗取信任后实施诈骗；再如，网络投资诈骗，同样是通过虚构高大上的投资理念，一般会承诺超出合理范围的收益，实际上是庞氏骗局，待收集到一定资产之后诈骗分子就会跑路，也可能是虚假投资平台，利用人们对贵金属、石油、虚拟币等领域的不熟悉，通过后台控制指数升降，致使投资人血本无归。

其二，利用人们好色的心理实施诈骗，如酒托诈骗、招嫖诈骗、重金求子、仙人跳等，受害者大部分是男性，也有少数女性被骗的情况。这种情况下被骗的受害者，很多会由于难以启齿而放弃报案，导致诈骗分子更加有恃无恐。

其三，利用人们对亲情、友情、爱情的重视，对国家机关单位、国有企事业单位的信任，设计骗局，从而实施诈骗，这方面的例子不胜枚举。比如，有"诈骗之王"之称的"杀猪盘"诈骗，不法分子通过婚恋、社交等平台寻找潜在受害者，通过聊天发展感情以取得信任，当受害者对这份感情深信不疑，满脑子都是"他／她爱我，我们将有美好未来"的时候，将其引入虚假投资、赌博等平台，以达到骗取钱财的目的。再如，冒充医保、社保机构的工作人员，不法分子谎称受害者医保、社保账户"被停用，需更新升级"等，出于日常生活中对机关单位的无条件信任，很多受害者会毫不怀疑地点击"钓鱼"链接并输入个人信息、银行卡卡号和密码、手机验证码，完成所谓的"核验"，实际上填完相关信息后，受害者银行账户内的钱款已经不翼而飞。

其四，诈骗分子以令人恐惧的虚假信息引起人们的危机意识和紧张心理，当受害者处于紧张、恐惧的应激状态时，理智会退位甚至消失，注意力会集中在骗子提供的信息上，思绪被严重干扰，最终为了规避风险而产生了决策偏差。比如，冒充公检法的骗术已经发展了20余年，但是经久不衰，在"杀猪盘"诈骗崛起之前"所向披靡"，"秒杀"其他各类骗术。不法分子通过打一个电话自称公检法机关工作人员，报出受害者的个人信息，出示伪造的工作证件和逮捕令等文书，就能让受害者心生恐惧，进而对其进行远程操控。再如，目前声称能消除不良征信记录、消除酒驾醉驾档案等骗术，就是利用人们对这些污点的顾虑、对未来的恐惧，引诱其上钩。

无论是利用人们的贪念还是恐惧，诈骗分子都会在前期通过一定方式取得受害者的信任，当受害者消除警惕、给予信任的时候便开始下手。

大家一定对小品《卖拐》印象深刻："大忽悠"先是在范大厨前面正常地走步，范大厨在后面正常地跟着，接下来"大忽悠"开始腿瘸了，走起了高低步，结果后面的范大厨也开始不由自主一高一低地走路，在不自觉的情况下，"忽忽悠悠就瘸了"。

一般的诈骗过程与这个小品何其相似，正是因为诈骗分子前面走的是正常的步伐，或者是看似正常的步伐，受害者才信以为真，结果却落入了骗子设置的陷阱。比如，在很多诈骗手法中，骗子都先准确地报出受害者的个人信息，或者出示虚假工作证件、视频佐证其身份。再如，在刷单、投资等利诱类诈骗中，诈骗分子会先给受害者一两笔盈利，使其相信做这件事可以赚钱，诱使其继续投入，却没想到巨大的陷阱就等在前面。

人们的心理弱点如此之多，骗子的催眠手法如此之强，怎么才能避免上当呢？除了尽量克服心理弱点、人性弱点之外，根本解决之道在于打破认知局限，提升认知能力。

网上流传有这么一段话，很清晰地解释了财富与认知的关系，也道出了为何被骗者会被收割：你所赚的每一分钱，都是你对这个世界认知的变现；你所亏的每一分钱，都是因为你对这个世界的认知有缺陷。这个世界最大的公平在于，当一个人的财富大于自己认知的时候，这个社会有一百种方法收割你，直到你的认知和财富相匹配为止。

在被骗与认知的关系上，我们则可以用"木桶原理"来解释：一只木桶盛水的多少，并不取决于桶壁上最长的那块木块，而恰恰取决于桶壁上最短的那块。2016 年 8 月 29 日，

××大学某教授报警称，被冒充公检法机关工作人员的骗子诈骗1760万元。大学教授的认知水平不高吗？这事儿谁都不会相信。但是每个人都有认知的局限，出现问题往往是在认知较弱的地方。人们只有看清自己认知的局限，才有全面提升认知的可能性。

当然，就像电脑系统需要定期升级版本、需要定期杀毒，才有可能抵御99.9%的病毒入侵，一个人认知水平的提升也是一个持续的、永无止境的过程，正所谓"活到老，学到老"，提升认知水平需要每个人一生不懈地努力。可是即使我们做到了这些，我们也不要抱着可以99.9%防止被骗的侥幸心理，要时时刻刻想到还有0.1%的可能性，也许诈骗正在下一个路口等着自己。杀毒软件之所以能识别某种病毒，仅仅是因为该病毒已经存在并被杀毒软件识别出来过，假设我们遇到的是最新的病毒，结果又会是怎样呢？

此外，很多生活的常识、古人的智慧为我们提供了防骗的铠甲，需要去认真体悟。

古话说得好："人有失足，马有失蹄。"如果你能明白这个道理，当某个投资公司声称"低投入，高回报，稳赚不赔"时，就一定要提高警惕，天底下没有任何稳赚不赔的生意。

古话说得好："富贵本无根，尽从勤里得。"从古至今，任何伟大人物的成功都离不开勤奋。如果有一天，有人告诉你"动动手指，人生躺赢"，你头脑中的警报器就该拉响了。

俗话说："一分价钱一分货，十分价钱买不错。"如果你明白这个简单的经济原理，那么当看到"低价促销""零元购""全额返利"等广告时，一定会想到后面可能埋伏着陷阱。

网上的一些话同样引人思考："男人给女人花钱，不一定是爱；不花钱，一定不爱。"老陈想说，或许不花钱，也不一定不爱，也可能是真没钱；但是一个男人每天嘴上说着"爱你一万年""爱你到地老天荒"，同时却不仅不给你花钱，还带着你投资，一定要认真鉴定！

……

这里还有一个重点：二次诈骗。

当你被诈骗之后病急乱投医，到处搜索或咨询："被诈骗后能把钱追回来吗？"这时候，排在搜索引擎前几名的可能都是"专业法律维权，帮助受害者尽快追回损失"的广告；也会有自称"黑客"的人凑上来，扬言可以通过攻击对方平台把钱拦截回来；还会有人冒充网警，声称可以帮受害者立案调查；更有人说自己是安全专家或追损专员，可以去暗网上购买代码，请黑客对诈骗平台进行后台入侵……

老陈只想套用一句电视剧台词："如果这些有用的话，还要警察干吗？"被诈骗后，唯一可能帮助你追回损失的只有警察，请立即拨打110或者到派出所报警。

反诈防骗进行时

　　21世纪开端的这20年，是电信网络诈骗在中国迅速崛起、日益猖獗的20年，也是反诈骗机制、思维逐步升级的20年，诈骗与反诈骗在人力、意志、科技之间角力，是一场没有硝烟的战争。从2016年开始，全社会反诈格局逐渐形成。

　　2016年8月21日，收到大学录取通知书、即将踏入大学校门的山东女生徐某，被骗走了准备交学费用的9900元，在报案后回家的路上，徐某因为伤心过度引发心脏骤停，经医院抢救无效去世。本起诈骗案的主犯、22岁的陈某被判无期徒刑。当记者采访他时，他说："只是想和同乡一样赚一些'来得快'的钱……"

　　徐某一案揭开了当时电信诈骗的一角，全国为之震动。在残酷的现实面前，人们仿佛才突然意识到，电信诈骗除了骗人钱财，还可能让一个生命消亡。这一事件后，全国对电信诈骗的打击空前严厉。

徐某案发生之前的十多年间，中国反诈骗走过了盲人摸象、顺藤摸瓜等阶段，警方的反制方式逐步升级。2015年，深圳市公安局在全国范围内首创了紧急止付和原路返还两个机制，这两个机制成为后来全国各地反诈中心的重要运作机制。也是从这时候开始，警方从被动反诈骗，转换为主动出击。

徐某案发生前后，越来越多的诈骗犯罪和大数据、身份信息泄露联系在一起，骗子得以更加精准地锁定目标。徐某案的发生就是源于一名年轻的黑客利用安全漏洞入侵了山东省2016年高考网上报名信息系统，下载了60多万条高考考生信息。

这一事件促使政府高层意识到，打击治理电信诈骗不仅是公安的事，更需要全社会共同发力。于是，上到国务院，下到县级政府，都成立了打击治理电信网络诈骗联席会议制度，联合公安、金融、电信等单位，共同打击治理诈骗。依托这一基于全新思维的制度，各地公安不再孤军奋战，各地都拿出了斩草除根的气势。经过艰苦的战斗，我国境内成规模的诈骗团伙几乎全灭。

面对力度空前巨大的严厉打击，诈骗集团自2015年开始"集体出走"，逃往海外，重新聚集在东南亚国家，并且在那里迅速完成了"生态演化"，围绕诈骗公司或集团，形成了完整的产业链条。原本以QQ聊天、电话诈骗为主的电信诈骗，逐渐变为在各种APP上发起的，以兼职刷单、贷款诈骗、购物退款等为由的诈骗，非法交易手机卡、信用卡、即时通信工具、个人信息等黑灰产业链悄然壮大。

到 2019 年之后，投资诈骗、"杀猪盘"诈骗、消除不良征信记录诈骗等的案件数量突然攀升。诈骗团伙开始使用 AI 拨打初筛电话、操纵大量账号、模拟语音、智能换脸等互联网技术；将用于诈骗的服务器放在境外，中国警方对其没有管辖权，并且经过多次跳转；为躲避资金溯源，有的诈骗团伙直接用虚拟币交易，这些均导致反诈骗常用的信息溯源、资金溯源等遇到了困难。

由于跨境诈骗的打击难题，预防犯罪被置于更关键的

位置。

从 2016 年开始，反诈宣传在全国范围内轰轰烈烈地展开。从发传单、张贴海报，到在电视、广播、报纸、杂志等媒体上宣传，再到群发短信，各种宣传方式全面上阵。银行柜台、电信营业厅、ATM，乃至所有跟电信诈骗环节有关的地方，都能看到反诈宣传的影子。

2019 年，警方调整打击策略，将打击重点对准诈骗产业链，在全国范围内开展"断卡"行动和"断流"行动。"断卡"就是治理涉诈电话卡、银行卡，意在消灭诈骗所依赖的通信工具和洗钱工具；"断流"则是切断境外诈骗集团从境内招聘人员的犯罪链条，劝返在境外从事诈骗的犯罪分子。此外，警方开始寻求新的方案，即联合互联网公司、电信运营商主动出击，将大数据、云计算、人工智能等科技手段与防范治理电信诈骗工作深度融合，合力把反诈的防线建立在诈骗发生之前。

过去的几年间，自上而下的反诈制度和反诈体系逐步构建，各地成立反诈中心，专业反诈骗队伍逐渐形成，在这一背景下，国家反诈中心成立了。如果说基层民警是反诈机制的毛细血管，那么国家反诈中心就相当于这一机制的主脑，其重要作用之一就是研判预警，即抢先一步精准找到潜在受害对象，将他们从诈骗分子手中"抢"回来。①

---

① 也许有不少人反感 96110 的来电预警，但是只要接到 96110 的来电，就说明你在国家反诈中心的大数据中属于容易遭受电信诈骗的高危人员。

法庭

与此同时，对于电信诈骗，也从反诈攻防战推进到专门立法的阶段。

以前，有关电信网络诈骗的法律条文见于《中华人民共和国刑法》和《中华人民共和国刑事诉讼法》等。为解决现实司法实践中的难题，近年来最高人民法院、最高人民检察院和公安部两次出台指导意见，聚焦境外诈骗入罪难和非法交易电话卡、银行卡"两卡"等如何定罪等问题做出补充性规定，这些法律文件为专门性立法打下了基础。

2021年10月19日，《反电信网络诈骗法（草案）》首次提请全国人民代表大会审议，草案历经专家修改，征求社会意见。2022年9月，《反电信网络诈骗法》正式出台，这也意味着过去多年的治理经验上升为法律。

至此，从反诈制度、反诈体系到反诈法律，一个庞大的反诈系统构建起来了。

从以上对反诈骗斗争的回溯可以看出，从最初的"打"到后面的"防"，反诈骗思维在溯源中得到彻底升级。实际上，无论国家反诈中心如何运行有效，真正能从诈骗分子手中把受害者"抢"回来的，无疑是受害者自己。如何在人们心中筑起一道反诈骗的防火墙，是摆在所有反诈教育和反诈宣传工作者面前的值得认真思索的问题。

继续溯源，对抗诈骗且最终消灭诈骗最有效的方法，无疑是重塑全体公民的社会认知，以及扭转受到"拜金主义"影响的道德观和价值观，建立起诚信的永恒防火墙。

此外，老陈强调一点，公民加强个人信息保护意识，避免个人信息泄露是反诈防骗的有效措施。毫不夸张地说，所有电信诈骗，都是从个人信息开始的。防止个人信息泄露，需要注意以下几个方面：

1. 各类单据上的个人信息。如快递单、车票、登机牌、购物小票、就诊凭证和票据、办理手机卡和银行卡等的业务单、水电暖气费账单等。因此，快递收货地址不必留得太详细。无用的单据可以直接粉碎，或将姓名、电话、地址等个人信息涂黑再丢弃。有用的单据则要妥善保存，切勿乱丢乱放。

2. 社交平台的细节信息。比如，使用微博、微信等社交工具进行线上互动时，不自觉透露姓名、职务、单位等信息；在学生群、家长群、物业群、购物群中，无意泄露自己的相关信息；家长在朋友圈晒娃的同时，无意中透露了孩子的姓名、年龄、家庭地址、就读学校和班级等；旅行时发朋友圈打卡、晒火车票和登机牌等，忘了将身份证号码、二维码等敏感信息进行模糊处理；等等。因此，要尽可能地避免在社交网络上透露或标注真实身份信息，朋友圈晒照片一定要谨慎。

3. 提供给商家或在商业活动中提交的个人信息。如办理会员卡、填写问卷调查、参与抽奖活动等。一般商店的电脑均不会安装防火墙，因此商家存放在电脑中的客户个人信息有可能被黑客获取，部分无良商家也可能将这些信息卖掉或利用。因此，在参与此类活动前，要选择信誉可靠的网站认真核验对方的真实情况，不要贸然填写，以免个人信息泄露。

4. 海投简历。很多人通过网上投简历找工作，简历中的个人信息一应俱全，有些公司在面试的时候还会要求你填写一份所谓的"个人信息表"，上面有家庭关系说明、父母姓名、个人电话、住址、毕业学校乃至身份证号等信息。因此，在海投简历时，只提供必要的信息，不要过于详细地填写本人具体信息，对于个别公司或单位让应聘者填写过于详细的个人信息表的要求，可以拒绝。

5. 复印身份证、打印个人资料等。银行、电信运营商营业厅、各类考试报名处等，很多地方都需要留存你的身份证复印件，甚至一些打字店、复印店会将暂存在店里的客户信息资料存档留底。因此，我们要保管好身份证复印件和带有个人信息的资料，不用的或作废的要处理好，切勿随意丢弃。

6. 手机、电脑以及 U 盘等存储设备。很多人换新手机、新电脑、新存储设备时，会将旧手机、旧电脑转卖或回收处理，将存储设备丢弃。实际上，即使将其恢复到出厂默认设置，甚至格式化，通过一定技术手段仍然可以全部恢复或还原。因此，旧手机、旧电脑、废旧存储设备等尽量避免转卖、回收或丢弃。如确实有出售或回收需要，务必请专业人士进行彻底清理。

7. 公共 Wi-Fi。若在智能手机的网络设置中选择了 Wi-Fi 自动连接，手机就会自动连接公共场所的 Wi-Fi。但是，公共场所的 Wi-Fi 安全防护功能比较薄弱，黑客只需凭借一些简单设备，就可盗取与之连接的任何用户名和密码。因此，在公共场所尽量不要使用不需要密码的免费 Wi-Fi；使用 Wi-Fi 登录网银或者支付宝时，可以通过专门的 APP 客户端访问；最好把 Wi-Fi 连接设为手动。

此外，购车、购房、住院、办理保险和贷款、装修房屋等过程中，均有泄露个人信息的可能。一旦发生个人信息泄露，我们要善于使用法律武器维护自身权益。

02

第二单元

电信网络诈骗
主要类型及其案例

网络诈骗

网络刷单诈骗

——你想要我的佣金？我只想要你的本金！

什么是网络刷单诈骗？

首先，要了解什么是刷单。在早期，刷单就是商家雇用刷客扮演顾客，通过虚假购物的方式帮助其提高商品销量和信用度，并且填写虚假好评的行为。通过这种虚假交易获得的商品销量和好评，根据电商平台的规则，可以帮助商家获得较高或较前的搜索排名，从而引导消费者优先考虑此商家。

后来，各大网络平台各种账号的关注、点赞、评论、回复、影评、直播讨论等，逐渐被发展到刷单之列。这里所说的各种账号包括视频账号、直播账号、文章创作号等。

特别需要说明的是，早期网络购物刷单中，就已经出现各种刷单工作室了，而这些工作室拥有几十台电脑，几百部甚至上千部手机。类似于点赞、评论等的刷单都是电脑自动完成的。因此，我们经常看到的"招聘网络刷单兼职"不是虚假信息，就是电信诈骗。

2021年8月，国家市场监督管理总局发布的《禁止网络不正当竞争行为规定（公开征求意见稿）》中明确禁止刷单行为。刷单行为涉嫌违反《中华人民共和国广告法》《中华人民共和国反不正当竞争法》《中华人民共和国消费者权益保护法》，因此，电商平台明令禁止这种虚假交易行为。

网络刷单诈骗是通过刷单进行的电信诈骗类型之一，又被称为"杀鸟盘"，主要是指诈骗分子通过各种社交媒体、社交账号、招聘平台、朋友圈等发布虚假兼职信息，以收入高、立返现、操作简单、时间自由等为幌子，诱导目标对象做任务，并承诺刷单成功后退还本金和佣金，当达到一定的金额，受害者想要提现时，诈骗分子将设置重重障碍，并继续诱骗其加大投入，最后诈骗分子还会以起诉等名义威胁受害者继续投入，直到骗取受害者最后一分钱。

公安部统计数据显示，网络刷单诈骗目前已经成为发案率最高的诈骗类型，其案件数约占电信网络诈骗发案总数的三分之一。刷单诈骗如此泛滥的原因基本有四个：一是商家急功近利，牟取非法经济利益，给骗子提供了浑水摸鱼的机会；二是许多人法律意识淡薄，不认为刷单是违法行为，往往抱着薅羊毛的心态，对刷单诈骗起到了推波助澜的作用；三是刷单本身是违法行为，部分受害者损失不大，不会选择报案，也助长了这类诈骗分子的气焰；四是有关部门对非正规网络交易平台的交易无法监管到位，无法做到精准打击。

◎ 骗局自述

做任务、点赞员、圈粉、加关注、网络兼职……这些名词对你来说是不是并不陌生？如果你脱口而出"这样的字眼，每天到处可见"，那么我会露出得意的微笑，恭喜你，你已经在我们的地盘疯狂试探了，也许一个不留神，下一秒就会撞上我。

不卖关子了，我是某境外大型刷单公司的客服，和所有上得了台面的正常集团、大企业一样，我们公司实行精细化动作，我的同事有外宣、培训师、主持人、技术员等，当然少不了身份神秘的幕后老板，我对他也只是耳闻呢。不过，我倒是可以给你介绍一下我们行业，这对我的工作不会有什么影响。

1. 发布兼职信息引流

只要你平时使用 QQ、微信、手机短信、抖音等，或者经常查看一些招聘、兼职平台，一定收到过类似这样的信息或推送，"淘宝招聘刷单员、点评员，只要手机一部，不限时间，不限地点，轻松赚钱""足不出户，日入上百，月入上万""只

要动动手指，人生必须躺赢""不用垫付一分钱，刷单完成立
返 15—20 元"……看起来是不是特别带劲，很有想要尝试的
冲动？这是我们外宣部门的广告，毫不夸张地说，在互联网极
度发达的今天，我们的宣传覆盖率没有 100%，也有 99%。

对你来说，可能看到的是"兼职无门槛"；对我们来说，
则是"傻子特别多"，人手不够啊！所以，广告下方一般会有
一则"温馨提示"：适合人群——大学生、宝妈、家庭主妇、
待业者、无业者、准备创业者，以及有较多业余时间的上班
族。为了显示诚意，还会备注四个大字——非诚勿扰。

不是我们不想接待更多的人，而是公司的研究部门做过专

门的统计，客户中女性占比 70% 以上（尤其是宝妈），19—40 岁人群占比 80% 以上。我们的力气也是要用到刀刃上的，其他人只好忽略了。

2.骗取信任

不出意料的话，缺钱但不缺时间的你看到关于"适合人群"的说明后，一般会自动对号入座（就算你不缺钱，看到他人轻轻松松每天收入好几百元，每月收入两三万元，你也会想到自己"缺钱"），抱着侥幸心理与广告上的客服人员联系，而这个客服人员很可能就是我。

这时候，你一定还不相信我和我们公司，没关系，很快就会让你信了。

首先，我会向你展示"营业执照""经营许可证"等资质，证明我们是家正经公司。这些证件是怎么来的？我们老板打包购买，批发价 300 元 / 套。

接下来，我会详细向你介绍我们的业务范围、对应的商品链接、工作流程以及佣金回报承诺，同时不忘抛点诱饵，比如举例称某兼职员工做了两天就达到熟练的程度，再晒出他的"刷单收益"截图、公司给他的"转账付款"截图等。就连这些虚假截图，技术人员都会很细心地把其中的个人隐私信息打上马赛克，让你不信也得信。

一切谈定之后，我们也是有非常正规的入职流程的。我会发给你一张兼职工作申请表，信息包括身份证号、手机号、支付宝账号、银行账户等隐私信息。可能只需要5分钟我们就会审核通过，随后将你拉入任务派单群，你一定以为其他人和你是一样的。悄悄告诉你，不管是比你先进群的，还是比你后进群的，这个群里的其他人不是我操作的账号，就是我的同事哦！我们同事之间关系很好，互帮互助，相互烘托气氛是我们的责任。

当然，我还遇到很多我最喜欢的"傻白甜"。我们一分钱不用出，连营业执照都不用发，群也不用建，这些"傻白甜"就特别相信我们，直接把个人信息都发给我们了，我们一般会直接教"傻白甜"使用个人信用额（先购买，后付款）刷单。我爱死这种"傻白甜"了，如果天天遇到的话，业绩可以提高两倍。

这一番巧妙布局就是为了让你产生试一试的心态，当然此时的你可能还存有一丝怀疑，那么当你做完第一单新手任务（根据实际情况，可能是前两单），三五分钟之后就看到本金和佣金到账的消息，伴随着内心的喜悦，你的怀疑又减少一分。

有时刷完单后，我的同事会假装抢到单，为了表示庆祝，还会在群里面发一个红包，大红包你是永远都抢不到的，小红包才可能抢到。

刷完单后，大部分情况下，我们会在群里面讨论某某平台刷单是骗人的，还会在群里面"科普"什么样的刷单是诈骗，然后大家会一起批判这些骗子。当然，我丝毫不怀疑你知道很多平台是骗人的，但是当你经常看到他人刷单一天轻松赚三五百元，你内心就相信有一些平台是真的，你也会相信我们这个平台是真的，你残存的一点怀疑也就随之消失了。

3. 无法提现

在你已经完全信任我的情况之下，我们第一天只会让你做一两单。第二天，在准备"收割"之前，我的同事们还会一起讨论最近的刷单收入，让你只关注接下来的刷单。

当然有的时候，也会遇到自以为聪明的能薅第一单的"骗子"，一般让他交了第一单的费用后，就直接踢出群，重新建一个群。特恨这种"骗子"，简直是浪费我们宝贵的时间，浪费我们宝贵的生命，之所以要骗这种人第一单的钱，就是为了出一口恶气。

还有一些宝妈，白天赚了一两单的钱，晚上不停地在群里面问什么时候有单，我们也完全不介意临时给她安排几个大单。不过，我们还是会非常负责任地告诉她，今天这单刷了，一般要明天早上才能到账，毕竟我们财务已经下班了。

对于这些完全信任我的，以为动动手指就能实现躺平的，我也没有必要矜持了。我会直接给他们增加刷单任务的额度。有一些是需要三人或三人以上才能完成的任务，有一些是额度较高但是一个人就可以完成的任务。任君选择，任君上当。

但是无一例外，你这一次刷单是失败或未完成的。失败或未完成的理由有很多，我一天可以编好几十个你从来没有见过的理由。

比如没有支付成功，需要你再次支付完成，就自动退款。当然有的时候，还会让你再支付一次。我们假设你先支付 500 元，没有成功，你再支付一次又是 500 元，又没有成功，再让你支付一次，又是 500 元……直到我告诉你"因为刷单太多被冻结了"，又换新套路。

这个时候，如果你要解冻这一单，我比你还着急，如果你还有现金，或你亲戚、朋友、同学有钱，就先拿来用一用。如果你的钱还不够解冻的话，我会想尽一切办法帮你，比如借呗、分期乐等各种正规的网络贷款平台，我们都会推荐给你，并且不厌其烦地教会你使用这些平台贷款。这些正规的网络贷

款平台，我们是有专门的使用手册的，里面有各种使用技巧。放心，这些网络贷款平台的使用技巧你一定使用得上，为了我们将来能赚更多的钱，我会免费传授给你的。

当然，我们还会时时刻刻地提醒你，把"最后"一笔钱付了，就可以解冻了，前面的钱就都回来了，所以你完全不用担心网络贷款的问题……

最后，你可能蓦然惊醒，但是仍然想不明白，明明进入的是淘宝某商品的支付链接，怎么钱最后到了我们的腰包？

看到你这么努力为我创造业绩的分儿上，告诉你吧，我们的技术人员制作了虚假链接，在你点击进入的时候，已经暗地里跳转到另外一个支付页面了。我们老板早已和一些电商网站达成协议，到手的钱除了缴纳一部分手续费，剩下的就是我们的进账了。

放心，"老板"！我们每天都在努力，与时俱进，期待我们下一次的相遇。

◎ **骗术分析**

网络刷单诈骗之所以成为发案率最高的电信诈骗类型，是因为诈骗分子利用了人性中的惰性与贪婪。当诈骗分子承诺完成任务发放福利后，刷单任务成组出现，并有托儿在任务派单群晒出虚假刷单成绩及收益，让受害者迷失自我，顺着诈骗分子的思路继续投入资金，从而遭受更为严重的经济损失。

刷单诈骗除了典型的虚假购物＋评论外，还有手工制作回收、抖音点赞或加关注、为明星投票等形式。除了直接支付所谓的刷单额度外，还有一些刷单诈骗会先收取培训费、用工费、材料费、会员费等。

如果你轻信他人，用自己的银行卡、支付宝、微信等带有支付功能的账号帮忙转账并收取一定"手续费"，那么会有更倒霉的事找上你——你可能会变成帮助信息网络犯罪活动罪（以下简称"帮信罪"）嫌疑人。

这里重点列举一类极不易分辨的刷单诈骗——"网上手工兼职"的流程，方便读者辨识。

（1）诈骗分子在各平台投放手工艺品制作广告（含视频广告等）。

（2）受害者看到广告并添加诈骗分子为好友，交流手工艺品制作流程；诈骗分子根据受害者的要求发营业执照，并展示该手工品"火爆"视频。

（3）诈骗分子要求受害者填写个人信息，并于第二天统一发货；也可能是让受害者下载某 APP 并在上面下单，当受害者打开这一 APP 时，看到的是比淘宝更火热的交易场景。

（4）诈骗分子让受害者添加"接待员/接线员"为好友，领取回寄成品的邮费。这里需要说明的是，若在上一步骤中没有下载 APP，此时，"接待员/接线员"会要求受害者下载新 APP 领钱，作用同上。

（5）当你顺利领到邮费后，"接待员/接线员"会将你拉入一个查询群（如查询订单、物流等）。

（6）接下来就正式进入刷单诈骗环节了。

此类诈骗的特点是：商品成本价＋物流价＋手工费＞商品批发价。与真实手工兼职的区别是：前者在网上打广告，后者在所在城市就能找到。总之，这类刷单诈骗的迷惑性更强。请谨记：但凡让你复制链接到浏览器里面下载 APP 的，都有可能是诈骗。

◎ **防骗指南**

防范网络刷单诈骗，需要注意以下三点：

1. 刷单本身就是违法行为，而不是正当兼职工作，对一切"轻松赚钱"的煽动性宣传均须保持警惕，不要相信天底下有掉馅饼的事，认为不认真、不勤奋工作就可以躺赢，如果怀有这种心态，迟早会被诈骗分子利用。

2. 在社交媒体或招聘平台上找工作，一定要通过权威途径对应聘单位的资质进行核实，即使对方主动提供资质，也不能排除对方是诈骗分子的可能。

3. 发现被骗后，不要有其他顾虑，应当立即报警，并且积极配合警方提供线索。需特别注意，不要沦为诈骗分子的洗钱工具，轻则影响本人征信，重则带来巨大法律风险，甚至要承担刑事责任，给生活和工作带来不可挽回的严重影响。

网络购物诈骗

随着电商经济的崛起与普及，网络购物已经成为人们日常生活中购买商品的基本方式，诈骗分子随之将罪恶之手伸向这一广阔领域。

一方面，不法分子通过非法渠道获取受害者的个人信息、网购信息和快递信息，之后伪装身份，以退回货款、解除分期付款、购物退税、快递到付等名义主动与受害者联系，骗取受害者钱财。

另一方面，通过 QQ、微信、短信等发布消息，或者在各大电商平台设置购物链接，以海外代购、二手转让、低价打折、限量抢购、购物返现或抽奖等，吸引受害者主动与之联系，随后诱骗其缴纳定金、交易税、手续费等，或者通过第三方虚假平台、链接支付货款，骗取受害者钱财后直接消失，完成诈骗。

由于个人信息泄露严重，网络购物诈骗目标对象广泛、手法众多，所以成为电信诈骗中十大高发类型之一，可以称得上"诈骗数量之王"。

每年"双 11""618"等购物狂欢节前后，商家会通过各种渠道发送促销信息，这也是诈骗分子打着各种诱人的幌子在网络上"收割"的季节。

在这里，老陈友情提醒：购物可以"剁手"，但一定要注意安全"剁手"！

上篇：主动找你的客服不是太闲，就是骗子

请根据以往的购物经验认真回答老陈一个问题：在日常生活中，你认为商家客服会主动联系你吗？可能大多数人会回答："怎么可能？除非他们太闲！"经验来源于生活，也要运用于生活，既然心里清楚商家客服主动联系你的概率微乎其微，为什么"客服"主动打电话，还有那么多人选择相信呢？

◎ 骗局自述

说起那些年我的网购经历，可谓一段血泪史。古有李时珍遍尝百草，今有我李时髦网购排雷，不要说我太傻、太天真，用范大厨的话来讲，真是防不胜防啊！

雷区 1 号：冒充客服

一年一度的"女神节"快到了，我喜欢的 ×× 品牌推出一款灰牛皮尖头低跟单鞋，款式特别适合我这样的"80 后"猪猪女孩。虽然价格贵了点儿，相当于我三分之一的月薪，但是女人到了这个年纪，一咬牙一跺脚咱也得做一回女神。

下单之后，我满心期待快递小哥的到来，谁知第二天接到店家的电话："是李时髦女士吗？您是不是昨天 ×× 点 ××

分在我店购买了一双新款牛皮低跟鞋，货号×××？"

"嗯，没错啊。"

"是这样的，李女士，我们刚刚检查库存的时候发现，您购买的这款鞋断货了。为了保住我店的信誉和表示我们的诚意，以及感谢长期以来您对我们品牌的厚爱和支持，我们决定按商品的价格双倍为您退款。"

"唉，那太遗憾了，实在没有货的话可以退款。"虽然有那么一点点遗憾，但是一听有双倍商品价格的退款，我的内心还是禁不住雀跃了一下，这可是我大半个月的工资啊！

"那好，给您带来的不便请您谅解。您先加我微信，我给您发一个退款链接，您用姓名、银行卡、密码登录之后，将会收到一条验证码短信，您把验证码发给我，我们这边会马上发起退款。"

"好的，我填好了。你记一下，验证码是××××。"

"李女士，两小时内退款即可到账，请您关注一下账户余额变动。"

没到两分钟，我的手机收到一则短信提醒，说尾号××××的银行账户支出 50000 元！顿时，我感觉头皮发麻，慌乱之中回拨了刚才的"客服"电话："您所拨打的电话已关机，请稍后再拨……"再一看微信，热情周到的"客服"小哥已经将我拉黑了。

被骗之后，我专门搜索了冒充客服诈骗，除了断货退款的情况外，骗子一般还会以货价调整退还差价、商品存在质量问题需要召回、快递丢失、订单异常等理由声称要退款，要求添加 QQ、微信等联系方式，通过发送二维码或转至第三方平台等方式要求受害者配合操作，骗取钱财。如果遇到客服联系退款，可直接要求其将货款原路返回。

除了冒充购物类平台客服之外，骗子还会冒充投资理财、信用贷款平台客服。目前，冒充京东客服、京东白条客服的诈骗尤为多发。不法分子准确报出受害者个人信息以骗取信任，表示不把曾开通过的业务注销就会扣取使用费、影响征信。骗子会一步步引导受害者加入各类视频会议，要求其开启实时屏幕共享、对话功能，诱骗受害者将大额钱款转至指定账户，或从银行或其他网贷平台进行贷款，承诺资金审核后会将钱款返还。当你完成转账之后，"客服"已经将你拉黑。因此，当接到自称"京东客服"或"京东白条客服"的电话时，应该保持警惕；如果有所怀疑，不要配合，可以主动通过官方网站或官方电话进行核实。

这一诈骗实际上是冒充公检法诈骗的变异，利用了人们的畏惧心理，即不希望被列入失信名单、黑名单等。

雷区 2 号：解除分期付款

趁着"双 11"购物狂欢节，我把家里使用多年的冰箱换成了双开门大容量的，这一款智能冰箱我盯了好久，使用几天后别提多满意了。当时送货人员的服务态度就很好，这不，又有"客服人员"打来回访电话：

"您好，是李时髦女士吗？我是 ×× 冰箱的客服人员，您在 ×× 月 ×× 日在我店购买了 ×× 款智能冰箱，我们现在做一个回访。请问您对该商品还满意吗？"

"冰箱很不错，你们的服务真好！"

"您的认可是对我们品牌最大的支持！李女士，非常不好意思，由于'双 11'期间订单实在太多，平台收款时不小心将您的付款方式错置为分期付款，给您带来的不便深感抱歉。"

"你们怎么回事，怎么会犯这种低级错误？我是一次性付清全款的，那你让我现在怎么办？"

"李女士，您别生气，我这就为您解决。请问您使用的是哪家银行的银行卡，或者是用何种支付方式付款的？我们可以联系该银行或公司为您解除分期付款业务。"

虽然凭空多出这么一档子事情让我倍感恼火，但是一想到"双 11"大促期间商家确实手忙脚乱，人家工作也不容易，人与人之间要相互理解嘛。

果然，不一会儿，"银行工作人员"打来电话："您好，李时髦女士，我是 ×× 银行的客服。经过核实，您的一笔电商付款在我行办理了分期付款业务，分为 12 期，首笔款项 500元将在本月 8 日进行扣除。"

"×× 冰箱客服给你们打电话了吧，我并没有进行分期付款操作，是他们弄错了，请问我现在要怎么取消这项业务？"

"我这就为您办理解除分期付款业务。为了及时取消扣款，请您去您附近的我行 ATM，按要求进行操作。"

本月 8 日不就是明天吗？事不宜迟，好在这家银行的 ATM 楼下就有，我忙不迭地跑下去。"您好，请您先插入银行卡，点击英文界面。"毕业十多年，英文早就还给了老师，它认识我我不认识它，但是"English"这个词还是很熟的。

"请您点击××键，在第一栏输入取消业务订单号 62××××××××，嗯，在第二栏输入执行码 8234。好了吗？请点击确认。"

在我毫不犹豫地按下确认键的同时，电话另一端传来忙音，我正一脸蒙，手机上蹦出一条××银行的短信：您好，您尾号××××的银行账户完成转账，支付金额为 8234 元。

于是，时隔不久，我再次成为派出所的座上宾。警察无奈地告诉我："所谓业务订单号实际上是对方的账号，执行码是要求你转账的金额，你怎么会相信呢？"

被骗之后，我才知道所谓的"解除分期付款诈骗"。骗子专门通过非法渠道购买购物网站的买家信息，之后冒充网店的工作人员，声称由于"银行系统错误""网站系统错误""受害者操作错误"等，买家的一次性付款变成了分期付款，每个月必须支付一定金额及利息，不处理可能还会影响征信，以办理解除分期付款业务诱骗受害者进行转账汇款操作，以骗取钱财。

雷区 3 号：购物退税

没想到吧，屡屡被骗的我李时髦，攒钱三年终于买了一辆宝马车。正准备开着我的新座驾出去兜风，手机铃声响了，显示的是一个陌生号码。

"您好，李时髦女士，打扰您一下。您最近是否从 ×× 店购买了一辆型号为 ×× 宝马汽车？"

"是啊，我刚买，你是怎么知道的？"

"李女士，我是国家税务局的工作人员，先跟您核对一下身份证号：×××××××……国家最近出台了购车退税政策，按全额车款的 1% 向购车客户退税。经查，您的新车价格是 55 万元，按照比例可退税款 5500 元。"

"有这么好的事情，那必须退。请问我应该怎么配合你呢？"

"按照规定，税款会按您的支付渠道原路退回的。您使用的是哪家银行的银行卡，或者是以何种支付方式付款的？"

"×× 银行，一次性付清的。"

"我马上为您办理购车退税业务。请您去附近的付款银行 ATM，按要求操作进行申办。"

"我就在这家银行的 ATM 旁边呢，你说吧。"

"请先插入银行卡，点击英文界面。点击 ×× 键，在第一栏输入购车退税业务订单号 62×××××××，嗯，在第二栏输入退税金额 5500。"

"第一串是你的银行卡号，5500 是我要打给你的钱，Transfer 是转账汇款，别问我是怎么知道的，年纪轻轻学点什么不好，以后的路还长着呢……"

果然，电话另一边传来一阵忙音，我在车上长嘘了一口气：看来英语不能丢。

经过两次被骗，我深感不能坐以待毙，要主动学习反诈骗知识，这样才能变被动为主动，让骗子无法得逞。于是，我了解到有一种购物退税诈骗，比较常见的是"购车退税""购房退税""网购退税"。消费者在购车、购房、网购大额商品过程中存在个人信息泄露的可能，诈骗分子一般会冒充国税局、财政局、车管所、购物网站的工作人员，谎称根据国家最新政策，消费者可以享受退税。

在沟通过程中，有的诈骗分子能准确说出受害者的个人信息和相关消费信息，获取其信任；还有的诈骗分子直接假报他人消费信息，并告诉受害者只需提供银行卡即可退税，受害者一旦自认为此"退税"有漏洞可利用就极易受骗。之后诈骗分子会诱骗受害者在 ATM 上进行转账，或在其指定的网站上进行申请退税等操作，以达到骗取钱财的目的。

雷区 4 号：快递到付

作为一个网购达人，我平均每天至少会收到一个快递，很多时候自己都记不清买了什么，很多包裹签收之后就放在一边，连打开的时间都没有。

一天，我像往常一样签收了一个快递，看起来与平常收到的快递并没有什么不同，唯一觉得有点奇怪的是，快递小哥告诉我这一单标注为"货到付款"。因为货款不多，才38元，我就没想太多，更懒得去网购平台一一核对付款方式。

过了几天，我终于有空一一拆箱，打开这件"货到付款"的包裹，里面并不是我下单的商品，而是一瓶50毫升的标签为"香奈儿COCO"的香水，寄件人一栏只有一个陌生的名字和手机号。

我李时髦什么大牌正品没见过，一瓶50毫升的正品香奈儿COCO香水价格至少要一千块，这是瓶假香水，假得不能再假：商标粗糙，字迹重影，按一下喷头香水都喷不出来，放在鼻子边一闻，有一股刺鼻的酒精味……

真是人在家中坐，"货"从天上来。我抱着试一试的心态拨通"寄件人"的手机号码，听到的却是："您所拨打的电话已关机……"

看来我又得去派出所看看老陈了，只是这次被骗38元，恐怕连立案都难。在去派出所的路上，我不禁自问：在这个网购普遍化的时代，想要不被骗到底有多难？

自己明明没有购物，却意外收到包裹，还要支付邮费和货款。反正费用也不多，那就收了吧。当你付费后打开包裹，乍一看外观貌似值得，之后使用时才发现是假冒伪劣商品，只值几元钱，这就是快递到付诈骗。

在这一诈骗类型中，有一种手法现在更为常见。父母或妻子在家里收到快递，快递员或诈骗分子声称是其儿子或老公网购的到付快递，父母或妻子一想他正在上班，不方便打扰，就直接付款，结果打开包裹，里面可能只有一块布。由于快递已经签收，相当于默认已经检查并接受包裹，无法再向快递公司追回损失；快递公司一般则会表示只负责送货，不对此事负责。这种到付诈骗金额少则几百元，多则上千元。

在这一手法中，诈骗分子一般会利用网络平台搜集多家公司相关信息，包括公司地址、法定代表人姓名及其联系方式，再通过电话机器人回拨，从中筛选出有效的寄件人信息。在诈骗过程中，快递营业部或快递员往往起到配合的作用。因此，现在的快递公司加强了对快递营业部及快递员的管理。

◎ 骗术分析

以上四种网络购物诈骗手法具有普遍性，其他类似诈骗手法多为以上四种诈骗方式的延伸或结合。现今社会，人人都会参与网络购物，不分男女老少、小资中产，都有可能遇到网络购物诈骗。同时，这些类型的诈骗的发生往往与受害者个人信息、网购信息、快递信息等的泄露有关，诈骗分子通过准确说出受害者的相关信息和情况获取其信任，再以各种幌子骗取钱财。

◎ 防骗指南

防范以上几种类型的网购诈骗，请注意以下几个方面：

1. 主动联系你的客服，不是太闲，就是骗子。

2. 接到陌生电话自称某平台、某店家的客服时，应通过官方网站的店家联系方式或客服入口进行核实。

3. 正常的网购退款只会在网购平台上发生，且会直接退款至付款账户，任何诱导添加 QQ、微信、支付宝好友，或通过第三方平台操作退款的，均须警惕。

4. 任何一个手机验证码都是重要信息，在与资金相关的操作中，验证码更是保护财产安全的最后一道屏障，切勿随意告诉他人。

5. 在确认自己没有网购却收到不明快递的情况下，应直接选择拒收。对于购买的商品，一定要养成先验货、后签收的习惯。

6. 快递单、带有个人信息的快递包装等不要随便丢弃，可以通过粉碎或用黑色笔涂抹掉等方式处理，以免泄露个人信息。

下篇：那些年，网购路上我踩过的陷阱

关于网络购物诈骗，上篇中讲到的骗子主动找上我的情况当然很多，但是我不小心主动跳入骗子布置的陷阱，这种情况也不少。有时候我不禁怀疑，李时珍遍尝百草都没有毒发身亡，但是总有一天，我李时髦会被诈骗害死。

继续给你们讲一讲，那些年，网购路上我踩过的陷阱。

◎ 骗局自述

雷区 5 号：虚假代购

我李时髦只是一个普通小职员，一个月的工资不一定够买一个包，但你要相信，经济收入不会影响一位女性对奢侈品的着迷程度。偶尔经过一番精打细算，也能满足自己的小小虚荣心。

我平时会留意网上的海外代购、二手转让信息，从中挖掘一些低价正品宝贝。最近，我在某二手平台认识了在法国留学的刘美丽同学，她刚发布的最新款包包一看就是正品，且价格十分诱人，于是我主动添加了刘同学的微信，注意到其所在地区为"法国里昂"。

她的朋友圈经常转发采购或发货的图片，有时也会分享在里昂的日常生活，前两天还晒出在隆河河畔与同学游玩的照片。在一次闲聊中，她说，父母为了承担她出国留学的费用，省吃俭用，非常辛苦，自己做代购一方面可以减轻家庭经济负

担，另一方面有助于了解国外市场、锻炼工作能力，为以后进入职场打基础。

一天，我在刘美丽的朋友圈看到一款心仪已久的香奈儿挎包，标价12000元，号称"地球最低价"。在这方面，我可是门儿清，国内专柜这一款挎包的价格从来没有低于22000元，12000元恐怕不仅是地球最低，整个银河系也不可能再有这个价格了。心动之下我请她帮忙代购，刘同学说与我十分投缘，慷慨让步1000元，但是要求我先支付2000元定金，采购后、发货前须支付尾款，我说没问题，马上通过微信转了2000元。

第二天，刘美丽同学准时发来视频，视频中有新购挎包的细节展示，连同礼品袋、包装盒、吊牌、会员卡的镜头一应俱全。她还很细心，叮嘱采购员专门拍了一张购物小票的照片转发给我。看过之后，我毫不犹豫地把剩下的9000元转给了她。

微信显示对方已收款，我正准备继续询问发货的事，结果发现已经被她拉黑了。我的11000元，我的香奈儿，我摇摇欲坠的三观……

海外代购如今已经成为许多年轻人的重要购物方式，不少诈骗分子盯上这块"蛋糕"，打着代购的幌子实施诈骗。

他们通过各大网购平台、二手平台、社交平台或手机短信发布广告，以"海外代购""保证正品，假一赔十""低价打折"等吸引目标对象添加QQ、微信等联络方式。

为了获取受害者的信任，诈骗分子会进行自我伪装，比如转发采购、发货和清关的单据信息和过程图文，客户反馈和好评截图等。为了让自己国外代购的身份更加可信，常常把社交账号的地址改为国外某个地点，然后关闭定位功能。更有甚者，还会搭建虚假外国商场用于直播或拍摄视频，雇用外国人在里面充当销售……

在受害者选定了代购商品后，诈骗分子会要求受害者先行支付"定金""保证金"，随后以"尾款""运输费"等名义要求受害者继续转账汇款，随后将其拉黑。

此外，也可能由于真实代购过程中的信息泄露，诈骗分子冒充快递公司客服，以"运输过程中商品破损、丢失"等理由，承诺向受害者进行赔偿。之后通过发送所谓"快递理赔"链接，诱导受害者填写个人银行账号信息，或者直接让受害者通过网商贷款，从而实施诈骗。

其实更大的可能性是，当你拿到一款自以为从法国代购回来的奢侈品包包欣喜若狂的时候，可能从商品、包装、票据到物流单等都是假的，其款式、材质堪比正品。

我也是被骗之后才知道，经营国外各大品牌礼品袋、丝带、盒子、吊牌、会员卡的网店不少，各大奢侈品牌的海外购物小票可能只需 10 元就可以购买……学习反诈知识，永远都在路上。

雷区 6 号：低价购物

我最近计划健身，在网上看中了某品牌的折叠式静音跑步机。这款跑步机官网价格是 4899 元，九成新的二手货也要 2500

元左右，想想也是一笔不算小的开支，就没有马上"剁手"。

一天，我又在二手平台上闲逛，发现一个二手卖家正在出售这一型号的跑步机，九成新，竟然只要2000元。我心里一阵狂喜，说不准可以捡漏，于是马上联系卖家。卖家说他刚买了这台跑步机，家里就发生了一些变故，必须回老家定居，因为时间比较紧急，所以只好便宜处理掉，价格还可以再谈，说着还把订单、保修卡等发了过来，顺便拍了几张跑步机的照片——我一看果然是极新的，连上面的塑料保护膜都没有撕掉。

这时，卖家发来了他的微信号，我顺手添加了好友，迫不及待地发挥自己的砍价特长，一下就和他把价格谈定为1600元。随后，对方发来一个链接，我点开一看，价格那里已经显示为1600元，于是我按照步骤付了款。

过了五六天，我突然想起来跑步机还没有收到，按照我和他所在城市之间的距离，最多三天就应该到货了。这时，我拿出卖家之前发的快递单号查询，竟然显示"查无此单"；再去二手平台上点开"我的订单"，根本没有跑步机这一订单记录！

我吓出一身冷汗，立即到派出所找老陈报警，老陈告诉我，"卖家"发我的是一个假链接，我又上当受骗了……

低价购物诈骗是指诈骗分子通过网络购物平台、社交平台、手机短信等发布低价商品信息，吸引受害者主动与之联系，并要求受害者添加QQ、微信等社交账号，之后或发送与购物平台一模一样的虚假商品链接，或以"收取定金/保证金/运费""货物被扣罚款"为由，诱骗受害者向其指定账户转账汇款。

这类诈骗涉及的商品，以二手车、二手数码产品、海关没收物品等价格较高的商品为主。

俗语说得好，一分钱一分货，对以"低价""促销""秒杀价"等吸引消费者的广告，要提高警惕。

雷区 7 号：全额返现 / 零元购

讲到全额返现和零元购，李时髦再傻再天真，也不会相信天底下有此等好事。因此，这里必须调用妈妈的"黑历史"，李时髦本人还真没有此类经历。

前段时间，妈妈听跳舞群里的姐妹谈起在 ×× APP 上购物，商家承诺"消费多少返多少""只要你敢花，我就敢返"，不但东西买到了手，而且相当于没有花钱。妈妈一听，竟然还有这种好事，一定不能错过。于是按照姐妹的指导在手机上下载了 ×× APP。注册完成后，经过反复挑选，妈妈下单了一款平板电脑，价格 4888 元。刚学会网购没多久的她，鼓捣了好久才填好收货地址和联系方式，提交订单后，选择支付方式完成付款。三个多月后，妈妈一脸愁容地来问我，她是不是被骗了，我才知道是怎么回事。

原来，×× APP 承诺，从顾客完成付款后第三日起开始返现，90 天之内会将购物款全部返还至其平台账户。到了第三天，妈妈果然看到账户余额有变化，并且之后一天比一天多。高兴之余，妈妈本着"有好事大家一起分享"的精神，向更多姐妹推荐下载了××APP，并且教会了她们如何操作。到了第90天，她进入软件后看到账户余额赫然写着"4888.00"，于是按照步骤指引发起提现申请。

结果等了好多天，她的银行卡余额没有任何变化。当她再打开××APP时，连之前的订单信息都查不到了，这才发现自己可能被骗了。

"消费返利"本是一种常见的促销手段，即商家设置一个消费阶梯，满多少额度返多少，相当于打折让利。这一正常的促销方式被一些诈骗分子包装成"购物全返""消费相当于存钱""零元购"等，对消费者来说充满迷惑性。

像我妈妈这样的普通家庭妇女，很少去思考"全额返现"本身不具有持续的可操作性——如果人人买多少返多少，商家正常的运营成本和利润从何而来？做生意又不是做慈善！一般来说，这种诈骗手法中涉及的商品/服务比正常的价格高得多，且返现与消费行为存在时间差，诈骗对象以老年人为主。

雷区8号：虚假购物网站

我是法国品牌××的忠实粉丝，它的面料质感好，设计也正好在我的审美上。一天晚上，我在微信群聊中看到有人发送这一品牌的产品信息，并附带网站链接，就点开浏览。

这是一家国外品牌专卖网站，无论是网页界面还是产品信息展示，看起来都很正规，很有国际范儿。××品牌有一件蝴蝶袖的连衣裙，非常适合稍正式的场合穿，之前我在官网上关注过价格，要近400欧元一件。这家专卖网站上的价格只能说是略便宜，但因为闺密结婚请我当伴娘，我也想趁此机会给自己添置一件像样的新衣服，于是就下单了。

几天后我查看物流动向，竟然发现这件连衣裙是从浙江一个三线小城市发出！据我少得可怜的常识，这种坚持自产自销的品牌只会在各国一二线城市设有分店，于是我登录专卖网站咨询客服，对方回复说，浙江××三线小城的这家店是新开的，毕竟浙江省的经济实力在全国数一数二……听起来像是有那么一点道理，于是我暂时放下警觉心。

半个月后，我终于收到了连衣裙，做工之差堪比几十元的地摊货：和以往购买的同品牌服饰相比，这件连衣裙拿在手里轻飘飘的，完全失去了其重工制作的特点；做工粗糙，线头到处都是；内衬里不仅没有可以挂衣架的绳子，连洗衣标签都快掉下来了；包装袋更是敷衍，连品牌标志都印错了……我确定自己买到了假货！

我给在线客服留言质问多次，但是对方压根就不予理睬。直到有一天，我发了一条信息："如果你们不做处理，那我就发邮件给××品牌的法国总部，并且在你们本地报警。"没过多久，看到客服回了三个字："已退款。"

李时髦被骗多年，这次终于通过自己的努力挽回了损失。我并没有因为退款而准备姑息诈骗犯，于是给××品牌的法国总部写了一封邮件，并且在这座三线小城报了警。

购物平台数不胜数，诈骗分子混迹其中，手法万千。他们开设虚假购物网站，或在各大网购平台开设店铺。前者一般可直接下单付款，但之后大多数不会发货，也有我遇到的这种情况，虽然发货，但发的是假冒伪劣商品；后者则会将受害者引至第三方平台，编造系统故障、订单出现问题等理由要求受害者转账，或者发送虚假网址，要求受害者填写银行账号、密码和验证码等，随即划走受害者银行卡上的金额。

◎ **骗术分析**

以上几种网络购物诈骗的统一特点是，以"低价促销""正品保障""返利/返现/抽奖"等为噱头，通过各种平台散播广告，吸引受害者"自投罗网"。人们往往会因为是自己主动找上门的，从一开始就放松警惕，潜意识里排除了自己会被诈骗的可能，所以更容易上当受骗。

◎ **防骗指南**

防范以上几种比较典型的网购诈骗，建议从以下三点着手：

1. 俗话说："一分价钱一分货，十分价钱买不错。"这句话包含了基本的经济原理，即价值决定价格，价格是价值的货币表现。当我们看到"低价促销""全额返现/零元购""免费抽奖""优惠券"等广告的时候，首先要提高警惕。任何违背经济原理的现象后面都有可能隐藏着诈骗。

2.选择正规、大型、有知名度的网站进行购物，不要随便在陌生平台上进行消费，不要轻易点击陌生人发来的购物链接，不要扫陌生人发来的二维码，确保进入的正规购物网站。如果难以分辨其是否为合法网站，可以查看网站下方是否有公安机关的备案标志，或者登录"公安机关互联网站安全管理服务平台"（www.beian.gov.cn），点击"公共查询"，输入网站域名进行查询。

3.坚持使用正规的第三方支付平台付款，可选择货到付款的方式，切勿给对方指定的账户直接汇款或转账。

网络购票诈骗
——当心归途变"囧"途

网络购票诈骗是指诈骗分子通过制作虚假网站、发布虚假信息、冒充客服等方式，以种种理由诱骗购票者提供个人信息、银行账号、密码、验证码等，或者以"缴纳定金／保证金""加价购""加速包"等名义，要求购票者向其指定账户转账汇款，以达到骗取钱财的目的。

网络购票诈骗主要涉及飞机票、轮船票、动车票、汽车票、演唱会门票、景区门票、大型赛事门票、大型展销活动门票等，又称"票务诈骗"。此类诈骗发生较为频繁，在节假日、学生开学和放假前后则更为猖獗。

◎ 骗局自述

春节快到了，大家忙着放假，我们忙着加班。你以为人在归途，谁也说不准，可能一步走错就被我们送上"囧"途，不仅没有机票回家，还会被骗空账户。

1. 制作虚假网站，发布虚假信息

这天，一位姓刘的女士拨打了我司网站上的"客服电话"，

上来就自报个人信息，说她买了5张腊月二十八飞往海南的机票，结果手机因为故障重装系统，里面的订票信息全部被格式化了，请我们帮忙找回。

虽然登录我们网站的人大部分是来买票的，但是这种情况也不少见，因此我应对自如："请稍等，正在为您查询。"不论是买票还是查票，只要找到我们这里，都是殊途同归。

刘女士找错订票网站并不稀奇，我们的建站宗旨即"以假乱真"：要么完全克隆正规售票网站的名称，要么与正规网站的名称极为相似，而网站内容则直接拷贝自正规网站，正常情况下难辨真假。例如，××航空官方网站显示的名称是"××"，我们可能叫"x.x"或"'××"；或者仅相差一两个字母，连客服电话也是"400"开头的（只是后面的数字不一样），乍看上去是同一个网站，你要相信大部分人都是"盲目"的。

除了设计，同事的宣传工作同样做得相当到位。他们申请了一笔经费用于提升网站在搜索引擎中的排名。像刘女士这样的购票者记不清楚原来的××航空购票网站，她只要在搜索框里搜索"××航空"，我们的网站绝对排在前面，接着点开链接，凭着之前对正版网站设计的记忆，会很自然地认为她是从我们这里买的机票。我们的宣传方式多种多样，比如，会打

出"低价""优惠"的广告，发布在百度、淘宝、票务网站、旅游网站等；还会在答疑网站或论坛发布自问自答——我们经常会自己先提问："在哪个网站订票较好 / 价格较低 / 最安全？"然后再在下面把自己的网站链接贴上。

2. 客服沟通，要求汇款

"是的，查询到您确实订购了 5 张飞往海南的机票。但是，按照公司的规定，我们需要进一步确认您的身份，需要您进入购买机票使用的个人网银账户，通过虚拟汇款方式激活，以便确认是通过本网银系统订购了机票……"从业不久，我已经能做到一本正经地胡说八道了。

刘女士乖乖地进入了自己的网银系统，并且按照我的引导在交易金额处填上了"111111"，她终于质疑了一下："这不是要汇钱出去吗？"

"这只是一个交易密码，通过它可以与我们网站提供的虚拟账户对接，激活之后我们才能在后台确认是您本人购买了机票。"刘女士真是个天真可爱的人，毫不犹豫地选择相信我，点击了确认按钮，一瞬间她网银账户上的 111111 元已经到我们的账户上了。

我们当然知道她很快会发现自己账户上的钱没了，于是采取先发制人的战术，打电话给她说："刘女士，经过确认，用于购票的网银账户确实是您本人的，现在您账户里的 111111 元已经进入我们的虚拟托管账户。目前已经顺利激活了第一张机票，接下来只要继续操作 4 次，就可以将您购买的机票全部激活。24 小时后，我们会自动将虚拟托管账户上的钱款返还到您的账户上。"

接着，她继续按照我的要求操作了 3 次，我心里乐开了花：太走运了，刘女士是个小富婆，帮我年终冲了一大笔业绩。当操作到第五次的时候，"虚拟托管"没有交易成功。我很清楚，一定是刘女士的网银账户有转账限额，可能就是 50 万元，五次转账共 555555 元，超过了这个数。

我们都明白的事情，刘女士本人却一头雾水，甚至还很着急，我一边安抚她"可能是我们的系统有问题，请您稍等"，一边利用她提供的个人信息给银行打了个电话，果然和我猜测的原因一样。

于是，我立即回复她："由于春节前购票业务繁忙，'111111'使用太过频繁，造成网络拥堵。请您这次使用另外一个激活码 55555。"

刘女士不知从哪里来的"恍然大悟"，说了一句"噢，原来如此"，很快就熟练地将 55555 元转了过来。这时，我决定这一票就这么收工了："现在您共有 499999 元在我公司的托管账户上，您激活的 5 张机票的编码分别是……我们将在 24 小时内将确认码发到您的手机上，并将钱款原路退回到您的银行账户。"

接下来的剧情我虽然没有办法"现场观摩"，但是可以百分之百确定，24 小时后，刘女士会发现自己的账户并没有收到返还款项，她会在一阵紧张之中拨打我们的客服电话，然后听到电话里说："您拨打的电话已经注销。"这时候，她才真正恍然大悟地说："噢，原来如此啊……"

◎ 骗术分析

除了常见的飞机票，还有动车票、轮船票、汽车票，以及一些比较紧俏的门票（如明星演唱会门票），都可能被诈骗分子利用，作为诈骗的工具或条件。诈骗分子制作虚假购票网站，声称购票打折或者百分之百可以抢到票，待购票者上当之后，或利用购票者急于拿到票的迫切心理，以种种理由诱骗受害者追加定金或保证金，或以信息不全等理由要求购票者补全密码等，然后骗取短信验证码，最后骗取钱财。这仅仅是网络购票诈骗的手法之一，以下介绍一些其他的常见手法。

1. 机票 / 车票退改签。这种手法主要通过两种非法渠道进行：一是通过伪基站群发短信，等待正好有退改签需求的用户上钩；二是非法掌握实际购买了机票 / 车票的用户的基本信息。诈骗分子以"航班 / 车次出于某种原因出现延误 / 被取消，需办理退改签"为由，诱导受害者拨打短信中提供的电话号码，然后冒充航空公司或铁路售票部门工作人员，准确地说出受害者身份信息与航班 / 车次信息，以骗取其信任，并要求受害者点击进入其提供的网页链接办理退改签业务。一旦受害者在网页中输入银行卡号、密码和手机验证码等，银行卡内的余额就会被全部取走。

2. "黄牛"加价购买。诈骗分子伪装成黄牛，声称自己假期另有安排或者有购票特殊渠道等，只要在原价基础上多加若干金额即可代买。实际上，这些假黄牛真骗子利用现有的火车票，用修图软件修改票面上的信息，甚至使用车票合成神器，来达到骗取票款和代购费的目的。

3. "快递员"上门送票。这种诈骗方式常见于购买了多张票的情况。诈骗分子声称购票成功，主动提供送票上门服务，与购票者约定地点见面给票，同时要求购票者的亲友在银行或自动取款机处等待，负责转账的人接到电话后汇款到"出票方"指定的账号。之后"出票方"通过"来电任意显"软件，修改来电号码，冒充购票者给其亲友打电话让其汇款。主要方式是利用购票者与其亲友联系的时间差骗取汇款。

4. 在正规的第三方平台购票时，"客服"以机场、火车站、轮船售票处、景区等的员工的名义，要求购票者直接汇款到其个人账户。

5. 还有一种网络购票诈骗常见于演唱会、大型赛事、大型展销活动等活动期间。主要是在售票官网或各大正规购票 APP 均无票的情况下，骗子在微信、微博、QQ、抖音等社交软件上假扮"票务""代理""总代理"等，发布出售门票的虚假信息，引诱购买者上钩，要求购买者先行转账汇款，常见的理由为"转账超时""门票紧张，须交保证金"等。

日常所见票务诈骗多为以上各种手法相结合的诈骗，或核心内容不变、表现形式多变的诈骗。

◎ 防骗指南

防范网络购票诈骗，建议从以下几点着手：

1. 应通过正规渠道订购机票、车票、景区门票及演出门票等，不要轻信"低价票""折扣票"等信息。网络订票最好直接输入正规购票网站域名，使用搜索引擎搜索，在认真查看搜索内容的摘要的同时，更要注意信息来源，谨防误入虚假购票网站。一般而言，虚假购票网站无法提供未来一段时间的购票信息，且除了订票、付费页面之外的其他网页非常简陋。

2. 收到航班/车次等延误或取消，需要进行机票/车票退改签的短信或电话，首先要验证真伪。可以拨打航空公司或铁路售票部门等的官方电话核实情况，不要拨打短信中的电话号码，也不要点击短信中的链接。另外，一些代理商为了谋利，大大降低了企业申请客服电话号码的门槛，导致很多以"400""800"开头的电话被诈骗分子利用，沦为诈骗工具，同样需要谨慎核实。

3. 注意保护个人隐私信息，所有向购票者索要个人银行账户密码、手机验证码的"客服"，均为诈骗分子。

4. 网络购票支付时应使用正规且安全的第三方支付工具，以任何理由脱离第三方平台沟通或支付的行为，均有被诈骗风险。

网络贷款诈骗

——小心，贷款有毒！

网络贷款诈骗是指诈骗分子以低门槛或看似有门槛、实则无门槛发放贷款为幌子的电信诈骗。此类诈骗常用"无抵押""无担保""秒到账""不查征信""只需要一张身份证""只需要一个 QQ 号"等，吸引潜在目标下载虚假贷款 APP 或者登录虚假网站。

整个贷款过程极易让受害者产生"贷款随便就到手""网络贷款不用还，贷款公司拿我没办法"等想法，让受害者感觉到贷款的验证方式满是漏洞（受害者觉得开贷款公司的人是傻子）。

当受害者以为特别容易能贷到款，想试一试时，诈骗分子会以"会员费""账号激活""工本费"等名义收取费用；当受害者以为贷款快要到手时，诈骗分子会以"验证还款能力""刷流水""信用保证金 / 保险金""手续费"等名义收取费用；当受害者以为贷款已经到手时，诈骗分子会以"解冻金 / 解锁金"等名义收取费用；如果受害者中途有意中断贷款，诈骗分子还会以"违约将起诉"等理由相威胁，迫使受害者继续打款。一旦受害者发生转账汇款，诈骗分子会以虚假汇款截图，声称贷款已发放；若受害者继续追问，大多数诈骗分子会告知受害者贷款会在几天内到账，或以"优先处理费""插队费"等名义骗完受害者最后一分钱。

理由常变，但内容差不多。

此后，诈骗分子可能会定向关闭受害者手机 APP 登录权限，或直接关闭 APP 或网站。

以上过程，有些受害者经历过部分，有些受害者经历过全部，但网络贷款诈骗的结局无一例外是受害者不仅一分钱没有贷到，还背负了更多债务。

近些年，网络贷款诈骗成为案发量较大且极具欺骗性的诈骗类型之一。这一方面与疫情时期部分人的收入下降密切相关；另一方面缘于超前享受、超前消费等不良观念的盛行，有些贷款人非但借款不愁，甚至滋生出一种"不要白不要"的诡异心态。人性的弱点在这一过程中暴露无遗，怎么逃得过骗子灵敏的嗅觉？

◎ **骗局自述**

2020 年年初，国内不少小微企业破产，许多人面临失业或降薪，有些人甚至连基本生活都难以维持，我这个做网络"放贷"的却"如鱼得水"，迎来了事业的春天。

1. 多种渠道引流

你是不是生意不顺，急需一笔资金进行周转？你是不是生

活窘迫，被房贷、车贷、信用卡还款压得喘不过气来？而向银行申请贷款不仅步骤烦琐，还需要经过漫长的审核，关键是你不一定贷得到！

也许当时的你仅仅是想了解一下贷款，当你在浏览器搜索框中敲下"贷款"两个字时，我们的广告弹窗就会自动在你的屏幕上跳出来。数据精准匹配是"放贷"工作的基础，在万物互联、大数据驱动的时代背景下，我们行业的相关配备无不与时俱进。再说了，专门做弹窗广告的营销网站服务到位并且价格低廉，PC端一条弹窗广告低于 1 分钱，移动端的贵一点，一条需要 2 分钱，但和最终的盈利相比，不过是毛毛雨。

还有一些违法视频网站或 APP、没有版权的视频网站或网文转载网站等，上面的广告都是我们投放的。我们有时还会去打赏一些视频直播号，主播默许我们在他们的直播中打广告，有些主播甚至会帮我们推荐账号。

我们投放的广告内容一定足够吸引你，比如"无须抵押，只用实名登记""日息低至0.02%""五分钟极速到账""提前还款无手续费"等，玩诸如此类的噱头是我们的专长，不夸张地说，不缺钱的人看了都忍不住想贷一笔，更别说急需资金的你了。

我们也会经常写文章、回复提问，有时还会去评论，每个账号发布的文章、回复、评论都是为了吸引你。为了提升成功率，双簧表演被我们发挥得淋漓尽致。比如，关于这些文章、回复或评论的讨论，其实都是我们精心设计的，单独一篇文章大多数人看不出来是引导你来找到我，我写的文章你看得多了，自然就会想到找我了。只要看到这些文字，你就会心痒难耐；当你需要钱的时候，自然会想到我，忍不住联系我。

2. 指引操作

不管你通过什么方式得到这些广告链接，当你下意识地点击后，就会登录我们的平台网站或跳转到 APP 的下载地址，进入安装界面。你可能满怀好奇心地问："你们的'放贷'网站或 APP 叫什么名字？"我会回答："爱叫什么就叫什么！"这绝对不是一句玩笑话，而是实事求是、客观描述——我们可以在后台随意修改网站或者 APP 的名称和标志，修改的原则即无限接近某正规网贷平台，有时就直接复制正规网贷平台（除了联系方式外，连营业执照都是使用正规网贷平台的），让普通大众傻傻分不清楚。

于是，傻傻的你会按照指引说明，把自己的个人信息登记到我们的平台上，包括姓名、出生日期、居住地址、银行卡账户，以及社保、公积金和工作收入等，甚至连身份证和手持身份证的照片，你都不假思索地提交给我们了！平时，你可能有保护个人隐私的意识，但一看是"正规"平台，申请到贷款为第一要务，就管不了那么多了。

当然，作为一个爱岗敬业的"贷款客服"，在你登录平台之后，我就开始为你提供温暖、热情、周到的服务了。当你提交了个人信息和贷款申请后，我会巨细无遗地询问你的资产情况、收入水平、贷款用途等，表现出金融机构从业人员该有的专业性。实际上，我们会根据这些信息分析出你的真实情况，预估诈骗金额，并且专门为你设计一套专属话术。

也许此时，你对我们的"无门槛"贷款服务还心存怀疑，会冒出一连串相关问题，如是否交质押金、放款时间、提现方式、还款流程等。实际上，到这个时候，我希望你问得越细致越好（就算你不想问，我也会引导你问的），这样我可以亲口做出承诺，将你的疑虑一一打消，引导你重点关注贷款问题，排除其他不确定的因素。放心，没有我回答不上来的，我们的问答手册可是经过"千锤百炼"的。如果实在是没有遇到过的问题，我的身后还有小组长、主管来出谋划策，帮我解决。悄悄告诉你，除了排除你的疑虑外，我们还可以验证一下针对你设计的话术是否有需要改进的地方。

3. 申请提现

不出意外的话，你的贷款申请很快能够通过"审核"。这时，你就可以在 APP 的"钱包"里查到自己贷到的款项了。人的眼睛是可以迷惑意识的，当你看到明晃晃的数字"躺"在那里的时候，心里就预想这笔钱已经是囊中之物，但是，想要把"钱"拿出来，可没那么容易。我们会和你签订一个"正规"的借款合同。合同看起来越正规，越能迷惑你，这样我们就能和你要手续费了。对于手续费的具体名头，我们也费过一些脑细胞，比如工本费、质押金、验证还款能力、保险费等，一般是贷款总额度的 4% ~ 6%。当然，手续费不是我们真正的目的，甚至只能说是一个小手段，让你后背发凉的还在后面呢！

你想提现，我们会要求你将"钱包"里的款项转到你的个人银行账户上，可是当你输入银行卡号后，系统会出现"无法识别卡号，请联系客服"或"银行卡号错误，转账失败"等提示。你在焦急之中一遍遍反复尝试，可惜，就算你输入一百遍，也不可能正确。这么快就忘了吗？我们的后台随时可以做任意设置和修改，当然，这一步我们也不用这么麻烦，后台自动随机更换一个数字就好了。

4.账户解冻

我们可没有耐心让你真的输入一百遍，可能第三遍，可能第五遍，最多第八遍的时候（不可能再多了，正规银行也不会这么有耐心）就会告诉你，你的账户被冻结，钱提不出来了！

这时候，你也许很着急，但是我们一定会表现出比你更无辜、比你还着急的样子。然后我们会要求你根据"借款合同"交"解冻费"。若你以各种理由不配合的话，我们就会告诉你：第一，必须按时还款，否则征信会出问题，会被列入黑名单；第二，法务部门会介入调查，我们会报警，会到法院起诉你；第三，不还款，我们将联系你的亲友。目的就是让你害怕，让你回想输入银行卡号的过程时，坚定地认为一切都是自己操作失误造成的。

至于最后你是否支付"解冻费"，我们都是无所谓的，就算只让你交了"工本费"都算一次成功，何况还骗了你这么多钱。

其实吧，哪怕你只是来做咨询，通过与你的沟通，都可以精进我们的话术，为下一次诈骗更多的钱做准备，所以看到你此时着急、害怕的样子，我们只会哈哈大笑。

◎ 骗术分析

网络贷款诈骗之所以频频得手，是因为诈骗分子精准选定

潜在对象，通过前期一系列广告或文章的暗示，再加上沟通时诈骗分子一系列的引导，并利用了借款人急需资金、不能明确此贷款是否真实的心理弱点。当看到"贷款平台"上显示的到账数额，并且只需要交少许"手续费"就可"立即提现"，很多受害者会很自然地相信能拿到所贷款项。

如果把诈骗分子的"贷款"比作挂在驴子眼睛之前的一串胡萝卜，那么受害者就是永远吃不到胡萝卜的驴子——如果一开始没有警觉，而后不断给诈骗分子转账的过程中仍然不能清醒，那么诈骗分子就会用越来越多的理由，骗取更多的钱财。

◎ **防骗指南**

为防范网络贷款诈骗，务必注意以下几点：

1. 如需贷款，请到国家正规金融机构申请。不确定贷款公司真伪时，可以通过当地工商局、企查查、天眼查等权威途径查询。

2. 贷款前要求提前转账汇款的均是诈骗。银行、正规贷款公司不会要求借款人在申请贷款前支付"保证金""手续费""服务费"等费用。

3. 树立正确的消费观念，根据个人实际收入情况适度消费。

4. 增强防范意识，不随意泄露个人信息以及亲友信息，为自己负责，同时也为亲友负责。

网络投资诈骗

——如果你搞网络投资了，请速速对照

随着互联网金融的飞速发展，人们在各种网络渠道都可接触到投资的机会，投资形式也多种多样，从股票、期货、虚拟货币、外汇，到"余额宝""零钱通"等，可以说是全面覆盖。网络投资由于操作简便、时间自由，且看起来似乎门槛较低，日益成为大众投资理财的主要途径。很多缺乏基本投资理财常识的人趋之若鹜，他们首先不是考虑投出去的钱是否安全有保障，而是关注这个投资项目能赚多少钱，与投资理财的本质背道而驰。

看到这一领域的"韭菜"蓬勃生长，骗子早就蠢蠢欲动，他们找准投资者的弱点和痛点，以"小投入，大回报""低风险，高收益""内部消息，稳赚不赔"等作为诱饵，诱骗投资者入局，骗取大量钱财。公安部公布的数据显示，虚假投资理财类诈骗发案率高居电信诈骗发案率第二名，且涉案金额最高，占全部电信诈骗涉案资金的 1/3 左右，因此被称为电信诈骗的"案值之王"。

尽管网络投资诈骗如此猖獗，但是当受害者发现自己被诈骗之前，想去网站搜索股票、外汇、期货、黄金、虚拟货币等

的投资资料时，出现的"相关结果"排名前 50 条甚至前 100 条，要么是各种投资网站的广告，要么是各种投资技巧，要么是各种投资入门知识，要么是各种分析投资的文章……日常生活中，人们遇到这么多网络投资诈骗，为什么网络搜索结果的前几页乃至前十页都没有一篇"网络投资谨防诈骗"的文章呢？作为投资者的你又有耐心看到"相关结果"的第几页呢？

本篇重点讲述荐股骗局的有关案例，详见"骗局自述"。在此之前，老陈想先介绍一下网络投资中的虚拟货币投资问题。

虚拟货币是指非真实货币，大致可分为三大类：第一类，与实体货币无关，只可以在封闭的虚拟环境中产生并使用，如《魔兽世界》里的金币，在游戏里产生，在游戏里消耗；第二类，单向充值获得的充值点或充值币，通常只可以在虚拟环境中使用，有时候也可以购买实体商品和服务，如 Q 币，充值所得，可以使用 Q 币购买腾讯相关服务；第三类，可被兑换的虚拟货币，比如林登币、比特币等。

依据中国人民银行等部门发布的通知、公告等，虚拟货币不是货币当局发行的，不具有法偿性和强制性等货币属性，并不是真正意义上的货币，不具有与货币等同的法律地位，不能且不应作为货币在市场上流通使用，公民投资和交易虚拟货币不受法律保护。

另外，特别说明一下数字货币。虽然数字货币的表现形式是虚拟货币，但其本质即货币，与纸币、硬币的属性一样，具有国家法定货币地位并得到其他国家承认。

很多虚拟币发行公司常把虚拟币与各国发行的数字货币进行对比，通过混淆概念来迷惑大众。可是这些公司既没有发行货币的权力，也没有主权国家信用背书，更不会得到世界各国承认。

我们拿目前最火的虚拟货币之一——比特币来举例。由于获取难度高，产生"物以稀为贵"的效应，比特币在虚拟货币市场上被当成一种股票来操作。但实际上，比特币的本质就是游戏币，在发行之初（游戏玩家下载"挖矿"游戏的时候），数量就被限制在2100万个，看似固定，实则可以使用拆分法将其数量变成无穷大。

由于没有主权国家信用背书，比特币的危害性超乎想象，不仅成为非法集资、洗钱、贩毒、走私、暴恐等违法犯罪活动的交易工具，而且可能危害国家的稳定和发展。2021年9月，萨尔瓦多把比特币设定为法定货币，带着国民炒比特币。2022年1月，国际货币基金组织就警告过萨尔瓦多，将比特币作为法定货币在金融稳定等方面存在巨大的风险。2022年6月，萨尔瓦多已经在破产边缘了。中国受害者因为炒各种虚拟货币被骗的金钱，足以让萨尔瓦多破产多次。

或许讲到这里，你仍然难以理解比特币的存在，我们来举一个形象的例子。

"挖矿"这一游戏，早在手柄游戏机时代就产生了。游戏者过每一个关卡，只能获得一定量的游戏币，这些游戏币可用于购买游戏物品以强化游戏角色。到了网络游戏时代，游戏公司为了丰富游戏玩法，将游戏物品拆分成为更细小的物品组件，比如制造一把游戏武器需要制作工具、武器设计图纸、各种矿石等。此时的矿石主要产出方式就是靠玩家拿着锄头去挖，游戏里面不同区域可以刷到不同的矿石，玩家挖完矿后需要等待一段时间才能刷到新的矿石，每天产出的矿石量是有上限的。因此，假设在某一段时间内有大量玩家需要某种矿石，那么这种矿石的游戏币值就会高涨，随处可见无数游戏玩家站在矿石点上等待矿石的刷新。过了这段时间，如果这种矿石没有了需求，则一文不值，游戏地图中的这种矿石不仅没人挖，就是直接丢在地上也没人捡。

比特币就像玩家挖出来的矿石，其需求者即是那些违法犯罪分子，而参与比特币投资的人们从来没有想过，这些比特币只是网络世界里的一个小玩法而已。

也许有的投资者会说，比特币有专门的交易平台，游戏里的货币没有交易平台。其实中国有一个运营了近 20 年的游戏《梦幻西游》，其中就有一个藏宝阁。在那里，玩家可以直接使用现金购买游戏物品，当然也可以出售游戏物品，将其转化为现金。2022 年 7 月，通过藏宝阁以现金成交的一件游戏装备，其价格为 830 万元，这是很多人一生才能赚取的财富。

也许有的投资者会说，每一个比特币可以确保其唯一性。再拿《梦幻西游》举例，这一游戏里面的每一件物品都有一个独有的 ID，通过此 ID 可以查到其产生的时间、地点、获得者、交易过程（还包含在藏宝阁几次交易的价格），以及最终被消耗或灭失等信息。这些都是投资者津津乐道的所谓"唯一性"，只是比特币交易更原始而已。

或许我们还可以拿《QQ 农场》游戏来对比理解臭名昭著的 MMM 骗局。

进入农场，即可获得一定量的虚拟植物，种植虚拟植物，等待虚拟植物的成熟，收获，再出售，可以获得更多游戏币，购买更高等级的植物。

MMM 骗局中所谓的"冻结期"每天收益 1%，就相当于《QQ 农场》游戏里植物的成长期，冻结期结束后出售马夫罗币，就相当于《QQ 农场》里出售收获的虚拟植物。

后来《QQ 农场》出了一些活动礼包和节日礼包，其中会有一些比较稀有的虚拟植物，不过大部分需要氪金才能拥有。这种氪金手法可以让大家想到另外一种虚拟币投资，即只需要充钱就可以获得相应的虚拟币，然后可以直接使用这些购买的虚拟币去投资，收获更多的利润。或许投资者从来没有想过，购买来的虚拟币只是毫无价值的游戏币而已，而投资者本人只是在玩一个游戏。

也许有的投资者还会说，"提现"怎么这么快？因为诈骗分子不是一个人，而是一个有着明确且完善的分工合作机制的诈骗组织。

现在的虚拟币投资大多都是这种情况：随便叫一个"××币"，名字听起来高端、大气、上档次。实际上受害者充值的

资金直接进入了诈骗分子的账户，"投资平台"上显示受害者拥有相应数量的"××币"，而这些"××币"无论多少，都只是一个数字而已。当受害者使用"××币"玩得高兴的时候，诈骗分子更高兴地看着已经被"洗干净"的钱哗啦啦流入自己的口袋。受害者不知道，自己只是在诈骗分子建立的网站上玩了一个数字不断变化的小游戏。更不知道，这些诈骗分子永远不会讲诚信，当受害者以为自己赚了的时候，他们会直接去修改数据，直到受害者亏得一无所有。

◎ 骗局自述

据说炒股界有一个段子：现在有两拨人的表现截然不同，一拨人卖房套现准备加仓股票，另一拨人则刚把股票清仓准备离场买房，两拨人擦肩而过时互看了对方一眼，心里默默互道了一声"傻 ×"。作为荐股诈骗界入行三年的骗子，我听了这个段子，只想默默道一声："傻 × 们，谁也别想走，到我碗里来。"

我叫王伟，高中时因为不想上学了，又没有一技之长，在家里面啃老。平时没事干刷一刷朋友圈，看着那些高我两三届的校友、早早出去打拼的同学，短短两三年内就发达了。我每天跟着"大哥""大姐"混日子，出去吃喝玩乐，虽然倍儿有面子，但是因为无所事事，总感觉自己彻底废了。

春节前的一天，我像往常一样在村头晃荡，没想到碰到了多年未见的初中同学李华。这位同学也是我朋友圈里少数的成功人士之一，平时他在微信朋友圈发的那些只有成功人士才能领悟的人生哲理，让我羡慕不已。

只见李华西装革履，俨然一副大老板的样子，于是我在好奇心的驱使下问起他在哪里发财。他对我并不避讳，说之前跟着一位老板在云南那边学了点本事，这次回来就是想拉几个信得过的兄弟和自己一起干。我一听心里惊呼：这位平时只是在网上偶尔聊两句的兄弟，居然在这等好事上想到了我，这不是天赐良机吗？我就说嘛，自己怎么可能是一辈子待在村里，跟着别人混的命！

就这样过了三四个月，除了我之外，李华还找了几个兄弟，虽然我比较着急赚钱，但是不好意思说什么。李华偶尔也会来和我唠唠家常、聊聊工作，让我安心不少。

到了五月中旬，李华用我的身份证号在网上预订好了飞机票。他让我先飞到云南，到达指定的地点，找一家酒店住下，先玩一两天，再等待他统一安排。

到云南后的第三天晚上，李华通知我收拾好行李，等车来接我去公司。我就一个小背包，没什么好收拾的。来到楼下，果然看到一辆面包车在等我。上车后，司机带着我在城里转了一圈，上了六七个人之后，开到了一个我不知道的地方。

这里除了一个领头的人外，还有七八个人，等我们全部下车后，领头的叫我们跟着他，步行两三个小时后终于到了公司。

李华在公司门口接待了我们。我环顾四周，无论是店铺招牌还是电线杆上贴的小广告，用的都是汉字，电话号码是中国号码，连商店的老板也是中国人，但是我知道，自己已经到了缅北。我们一行十多人，只有四五个人是李华公司的，他让我们几个未来的"兄弟"先休息一下，其他的明天再说。

作为李华的近邻，我总有一些别人没有的特权和自由。为了公司的发展和壮大，我也贡献了自己的力量，除了努力提升自己的业绩外，我还叫了几个过去一起吃喝玩乐的兄弟来帮忙。这些兄弟一听包飞机票、动车票、汽车票，不需要自己掏一分钱，分分钟就来投奔我了。

我们公司是这个工业园区一个集团的下属小公司，是由包括李华在内的四个小老板合伙"承包"下来的，每年需要支付很高的"承包费"，还需要给当地政府缴纳高额的场地使用费、网络使用费、安保费等各种费用。有了第一批员工后，公司很快发展到 90 多人。这个园区里像我们这样的公司有好几百家。

讲到这里，你可能想问，我们的公司到底是做什么业务的。

用术语来说，是"专业荐股"。刚入行的时候，李华给我普及过行业发展史，我现在也算是"行中老手"了，也有资格给你们讲讲了。

"荐股 1.0"（2004—2008）：这一时期，大部分股民处在"韭菜萌芽期"，对于股市抱有殷切的期待，盲目相信各路"专家""股神"，于是就可以看到这样一番奇特景象：各种"荐股专家"争相上电视作秀，留下免费咨询号码。事后话务员再诱导打来电话的股民办理会员。这一阶段主要赚的是股民的会员费。这时你可能会好奇，股民购买了推荐的股票下跌了怎么办？答案是不要紧。比如给 100 个股民分组，共推荐 10 只股票，总有那么几组股民收到的推荐股票是上涨的，这些人中就会有要求办理会员或升级为高级会员的，直到回过味儿来。

"荐股 2.0"（2008—2014）：电视上的"荐股专家""股神"被官方曝光，行业发展也因此迎来了"革新"机遇。新套路比较低调，"专家"从荧屏上消失，变成推销炒股软件，只要购买，即可得到专家"一对一"辅导。这一阶段赚的是购买或升级软件的费用。

经历了十年艰辛摸索，"荐股 3.0"阶段到来了，这就是李华"创业"之初向我描述的"黄金时代"——"韭菜们"蓬勃生长、前赴后继，我们则撸起袖子疯狂"收割"！

1. 购买软件，推广引流

李华的套路都是从前老板那里学来的，他首先购买了一个虚假的 MT4 平台交易软件，修改一下版头，比如改成国际黄金、石油交易实时 K 线图。实际上呢，这个 K 线图的所有数值都是可以在后台控制和修改的，也就是说，李华让它涨它就

涨，让它跌它就跌，你以为的股票大涨，说不准只是李华今天心情好，顺带让你跟着空开心一下。

不论是"荐股 1.0""荐股 2.0"，还是现在的"荐股 3.0"阶段，核心工作都是拉人头。道理很简单："韭菜"的基数越大，"收割"成果就越多。

我们一般会在各大门户网站、APP、社交平台以及一些传统媒体（如电视、广播、报刊等）发布广告。不要以为这些媒体有多高级，实际上只要给钱就能做广告，他们根本不会在意广告内容的真实性以及背后埋伏的危险。一看到诸如"小投入，大回报""低风险，高收益""内部消息，稳赚不赔"的字眼，相当一部分股民内心会非常躁动，迫不及待地找上门来。

当然我们也会主动出击，比如购买客户信息，什么姓名、电话、证券开户公司等，我最早入行时就是负责打电话、发信息来拉人头，"您好，我是××证券公司的客服××，我们公司提供免费咨询服务，指导老师都是经验丰富的股票操盘手……"这是我说过次数最多的话，有时候做梦都在嘀咕。

更为精准的手法则是在社交软件上"交朋友""谈恋爱"。李华给我传授过"诈骗撒手锏"：人是感情动物，要学会靠这个赚钱！果然，我把 QQ 和微信头像换成美女，再撒个娇、发个嗲、发个图，骗了不少自称"性情中人"的大汉，而且这些人可能感情空虚，喜欢"千金博一笑"，给我们的平台投起钱来眼睛都不带眨的。

2. 拉入群聊，组团表演

我们会将这些上钩的人拉入一个荐股大群中。群名称的气势要足，要给"韭菜们"鼓励打气，什么"牛气冲天""股海龙王""擒牛十八掌"之类的，也是我们费了一番心思想出来的。

每个荐股群里都有我的一位同事扮演的"大师"，他恨不得"通古今中外，知天文地理"，人设就是"不仅懂各只股票的行情，还知道股票内幕，只要跟着他买股票，百分之百能够赚到钱"。

讲了这些门道之后，可能你已经想到了——"大师"是我们"一人分饰多个角色"捧出来的。只要"大师"发表"指导意见"，我们这些充当助理和粉丝的人的账号会第一时间发言表示认同和崇拜；"大师"推荐一只股票，过不了多久就会有"粉丝"账号在群里分享收益截图，并且向"大师"请教后续操作；"大师"开直播在线讲解股市形势，"粉丝"会疯狂鼓掌、点赞、献花。毫不夸张地说，有时候一个群里50个人，其中49个都是我们一伙的，剩下这位股民如果知道实情，一定会瑟瑟发抖的。

"大师"的"股神"地位的确立，光靠我们这些托儿是不够的，荐股行业能够脱胎换骨发展到今天，当然有更高明的手法了。我们这些荐股公司会联合起来找一家操盘公司合作，而一家操盘公司物色好一只股票后（一般会选一些市值低、超跌、冷门、换手率极低的股票），也会将信息提供给数十家像我们这样的公司。

一开始，"大师"会带着学员们在正规证券平台炒股。遇到牛市时，他会说："正规平台赚钱慢，要转移资金到'机构席位'上配资赚大钱。"也就是我们提前设立的虚假炒股平台。遇到熊市时，他会一拍桌子说："股市没有大行情了，你们得去炒外汇和贵金属赚大钱。"当然，对于炒外汇和贵金属，我们也是准备好了平台的。

当然了，"韭菜"对"大师"的信任最终还是靠真正给予小利建立起来的。头两次还是会让"韭菜们"赚一点小钱的，尝到甜头后，我们就开始组团忽悠他们加大投资，由"大师"带着买入卖出。你别忘了，我们是可以随时控制修改平台上的K线图的，再加上我们集体出演、煽风点火，以及高昂的手续费，"韭菜"只要进群，几乎被我们"收割"殆尽，甚至最后靠借贷也要继续来投资。

因为软件可以随便修改，一般我们骗一两个月后，就会将它改头换面，完全变身为另外一个投资平台，那些傻不棱登的"韭菜"根本搞不清我们的真面目。

就这样我干了三年，万万没有想到，李华有一次回国办事，竟然被警察给抓了！我们以前经常一起聊到未来，"我们要全身心享受生活"，但是日进斗金的生活谁也不舍得罢手，他的后半生恐怕要在监狱当中度过了。我呢，说不准什么时候会进去陪李华，至于现在，还是好好享受生活吧。

◎ 骗术分析

众所周知，风险与回报成正比是投资铁律，而网络投资诈骗往往反其道而行之，按道理非常容易识别。但是，诈骗分子用"低风险，高回报"的噱头却能吸引众多不明真相的投资者，可见他们是利用了人们不愿意冒风险却想逐高利的心理弱点。

网络投资诈骗类型多且手法翻新快，但是核心手法基本分为四步：

第一，以高回报诱惑，且宣称稳赚不赔。投资公司/平台打出的广告无一不是超高年化收益率，一般超过12%，有的甚至声称可以达到50%。

第二，以小利诱惑。投资初期会让投资者尝到一些甜头，以此取得其信任，再辅以其他手段，诱骗投资者加大资金注入。

第三，多手段收割。以上述荐股诈骗案例来说，实际上诈骗分子可能首先收取高额会员费、服务费，其次通过诱骗大批散户接盘的方式向庄家收取佣金，还有就是提供虚假投资平台诱骗投资者注入资金，可谓"一鱼几吃"。

第四，榨干才罢休。这些骗局中不乏投资者突然醒悟，要求提现止损，这时诈骗分子会以"登录异常""服务器维修""账号冻结"等理由，要求投资者继续充值方可提现；也有投资者会在群聊中揭露骗局，这时群里的其他人会第一时间反驳，会说投资者的损失是自己操作失误导致的。当投资者将信将疑再次充值且仍无法提现，还在群里面大吵大闹时，群主会马上将其踢出群。其实自始至终，群里面可能只有这个人是真实的投资者，其他人要么是诈骗分子"一人分饰多个角色"，要么是他的同事。更令这些投资者难以想象的是，将有声称"掌握骗子犯罪证据，能帮忙要回被骗钱款"的"律师"接踵而来，而这些"律师"很多都是同一诈骗集团的人员。

◎ **防骗指南**

防范网络投资诈骗，建议从以下几点着手：

1. 注意甄别投资广告。与正规投资渠道谨慎采用宣传语不同，诈骗分子利用受害者急功近利的心理，一般会在各个渠道发布具有煽动性的夸张的虚假广告，关键词一般有"低风险，高回报""稳赚不赔""内幕消息"等，违背基本投资规律。

2. 在非官方应用市场下载的金融投资 APP，都是虚假平台。金融类软件在手机应用商城上架，审核非常严格，需要提供相关执照、证书、协议等资质文件。诈骗分子提供的软件下载途径往往是网站链接或二维码。

3. 要求转账到个人账户，或者对公账户与平台名称不符的，都是诈骗。诈骗分子提供的转账账户通常是个人账户，或者是与其谎称的平台机构名称不一致的对公账户。要知道，正规交易平台只能开设名称一致的对公账户，购买理财产品需要签订协议，且资金为自动划扣。

4. 注意核实所谓"分析师""理财师"的从业资质或身份证明。金融监管部门规定，未经中国证券监督管理委员会许可，任何机构和个人均不得从事各种形式的证券、期货投资咨询业务。即使面对出示了从业资质或身份证明的业务人员，也应登录中国证监会、中国证券业协会、中国期货业协会网站进行查询，以防诈骗分子伪造证件、以假乱真。

5. 炒股要找国家指定的正规平台，如虚拟货币交易均不受法律保护。

网络直播诈骗

——女主播身后的江湖

作为一大新兴产业，网络直播兴起于 2016 年，近年来呈井喷式发展。中国互联网络信息中心统计显示，截至 2021 年 12 月，我国网络直播用户规模达 7.03 亿，占网民总数的 68.2%。人们通过网络直播解决购物、休闲娱乐、学习、工作乃至交友等日常需求，网络直播对整个社会经济和我们的日常生活影响巨大。

在巨大经济利益的吸引和流量效益的诱惑下，不少网络直播平台乱象丛生，且有关网络直播平台和直播行为方面的立法较为滞后，一些不法分子趁机浑水摸鱼，利用网络直播实施各类违法犯罪活动。

◎ 骗局自述

我叫莉莉，今年 23 岁，长得还可以，从小叔叔阿姨都夸我漂亮，说我以后会成为大明星。我平时没事喜欢刷各类直播，看到很多长相不如我的女主播竟然有几百万上千万粉丝，内心逐渐萌生了做直播的想法。

去年，我在 ×× 直播平台看到招聘主播的广告，毫不犹豫就投了一份简历，两天后便接到直播公司的面试通知。面试后没过几天，公司打来电话，说我的各方面条件在他们的应聘者中相当不错，具备做主播的潜力，但是需要对外形进行一定调整才能从事主播工作。

接到通知后，我激动万分，幻想有一天也能成为坐拥百万粉丝的大主播。可是我大学刚毕业，哪有积蓄去做整容？当我和人事部坦承了这一忧虑之后，没想到负责人当即拍板：老板私下觉得我是成为大主播的好苗子，公司可以协助办理贷款，而且决定以后大力培养。思考之后，我决定与公司签约。

直到后来有新入职的同事同样进行了微整形，通过私下交流，我才明白是怎么回事。原来，对于所有应聘者，公司都会要求做微整形才录用，并且与其他整容医院相比，公司为我们联系的定点整容医院价格足足贵了一倍，一定是从我们的美容贷里拿了提成。

合同已经签了，每个月需要还 5000 多元的贷款，而且如果此时退出的话，按照合同要缴纳高额违约金，现在后悔还来得及吗？我心里打了个大大的问号，继续硬着头皮工作。隔壁直播间比我早来的姐姐，平时上班背的包包不是香奈儿就是LV，听她说，她马上就能凑够首付在这个城市买房落脚，我说不羡慕肯定是骗人的。培训老师说得有道理：想要得到，必须先付出。这么一想，我决定干下去。

正式开始主播工作后，公司为我私人定制了煽情剧本和人设——我被包装成一个农村长大、爹不疼娘不爱、平时打两份工来维持学业的自立自强女大学生形象。从小我就梦想成为一个大明星，怎么也没想到有一天是以这样的方式"出演"。刚开始我的内心还很矛盾，这不是骗人吗？可是看隔壁姐姐演技纯熟，有时能够临场发挥帮助公司更新剧本，经常得到老板的夸奖，我竟然不自觉地佩服起来。

说实在的，公司的核心工作其实并不是直播，而是引流，也就是运营，都是男同事在做，没错，就是你们说的"抠脚大汉"。他们使用我和其他女主播的头像、昵称注册了很多社交账户，并在这些社交账户上以我们的名义发一些提前准备好

的日常生活动态，然后在各种平台寻找有潜力的男客户主动聊天，这些客户主要是一些有直播打赏习惯的大哥。公司有自制的软件，将所有打赏、留言的人进行分类，确定"猎物"等级。

同样，运营人员与"猎物"聊天也是有剧本和话术本的。比如根据客户的特点，每天如何互动，如何嘘寒问暖，如何让对方动心等，尤其是如何激发男客户的好奇心、同情心和保护欲，都有很严格的"剧情设计"和"台词设计"。我这自立自强的女大学生形象在他们的运营之下得到强化。

和我关系好的一个运营同事，他日常工作就是冒充我和粉

丝们谈情说爱，引诱他们为我打赏、刷礼物。我看过他发的信息，批量加了男客户的第一天下午，他一般会群发微信："我忙完了，你在干什么？"第二天中午发一条朋友圈："脾气越好的人越会受别人欺负吗？什么时候可以有个人保护我……"晚上九点多群发一条正在喝酒的照片或视频，跟一句类似的话："酒可以消愁，可是每次一喝酒，心里忍不住脆弱。我觉得自己很孤独、很无助，有时真的想有个依靠。"用不了几天，这些粉丝大哥纷纷沦陷，爱心无处释放，只待打赏发泄，完全不知道不是我在与他们互动，而是键盘手。

　　于是，每次直播的时候，在公司招聘的大量兼职业务人员刷单打赏的带动下，大哥们在线疯狂互动，争先恐后充值刷"大炮""火箭"。据说这些疯狂氪金的大哥大部分不是有钱人，哪怕自己顿顿老坛酸菜泡面，也要摆出随时可以刷出5000元"火箭"的架势，传说中的"千金一笑"在直播间天天上演。小妹红颜一笑，许多大哥的信用卡、花呗、网贷指定受伤一次。

　　就像游戏里一定有土豪玩家存在，直播间也一定有真土豪打赏。这些人不能再叫大哥了，我们管他们叫大爷。为了留住这些大爷，公司有时会提供特殊的直播体验——突破虚拟"恋爱游戏"的闭环，安排美女主播去和大爷约会！主播会在出发之前熟悉一遍运营同事和土豪大爷的聊天记录，了解自己和大爷的感情状态，至少是叫"老公""哥哥"，还是叫"爸爸"绝对不能搞错。直到公司要求我"出差"去提供"约会服务"，我才搞清楚隔壁姐姐那些名牌包包是怎么买的。

可是，知道这一切的时候已经晚了。这一天，我正在公司办公地直播，警察破门而入，将我们公司一锅端。百万粉丝女主播的梦想破碎了，更可怕的是，我一步步走向犯罪的深渊，最终迎来了自己的监狱生涯。

我在监狱服刑期间，警察同志在一节法治课上讲到，2022年5月7日，《关于规范网络直播打赏 加强未成年人保护的意见》（以下简称《意见》）正式发布。《意见》提出禁止未成年人参与直播打赏，严控未成年人从事主播，优化升级"青少年模式"，建立专门服务团队，规范重点功能应用，加强高峰时

段管理等举措。在我看来，有两项要求可以有效打击我们这些靠刷榜存在的女主播：一是限时一个月内取消所有打赏榜单，二是限制热门时段（20:00—22:00）的 PK 次数为 2 次。

我真心规劝那些幻想通过直播一夜暴富的年轻人，包括很大一部分未成年人：脚踏实地做人，遵纪守法做事。

◎ 骗术分析

作为一个新兴领域，网络直播的骗术多种多样，除了以上案例中涉及的骗术外，主要还有以下手法：

1. 不法分子在直播平台投放虚假广告，包括高薪工作、折扣潮牌、免息贷款等，引诱涉世未深的年轻人上钩，再以返利、押金等为由骗取财物。

2. 不法分子冒充直播平台客服联系网红主播，声称对方粉丝数已经达到上限，而自己能提供增加直播间容量、调高直播室等级的服务。发送一条链接，要求主播填写身份证号、手机号、银行卡号等，再通过后台操作盗取其银行卡内的资金。

3. 有的主播在多个平台注册账号，不法分子冒充直播平台管理人员，借口防止直播离岗或跳槽，要求其缴纳押金或者保证金。

4. 不法分子在直播间猛刷礼物，冒充榜一大哥，与主播熟络后借钱，之后消失；或透露自己有特定渠道获得低价礼物，由于礼物在直播平台可以兑换现金，主播为了赚取差价，向诈骗分子转账购买，结果被骗。

◎ 防骗指南

老陈把网络直播看作又一个江湖，诈骗分子信奉的信条无非是玩法千千万，只为把钱赚。因此，在直播流行的当下，我们每个人要在认清自己的基础上，增强防骗意识和提升辨识能力，看清各种现象背后的本质，增强自我保护意识。

1. 去正规的平台看直播，不仅要看健康的直播，更要理性地打赏，不要被网络爱情、交友冲昏头脑，在没有弄清对方真实身份和目的之前，对于涉及钱款的交易一定要谨慎。

2. 直播产业造就了不少虚情假意的人，普通人难辨其真假，日常看直播可以拿出看娱乐节目的心态，但凡主播引诱打赏或道德绑架，或直播内容违背公序良俗，都请多思考一下，这类主播不乏具有知名度的影视演员。

3. 网络直播的主播切勿被赚快钱、获取短期利益蒙蔽了双眼，进行合理的职业规划才是正规的、长期的、可持续的发展之道。

网络赌博诈骗

——你凭什么认为自己能赢？

网络赌博是指利用互联网平台组织或参与赌博的行为。与传统线下赌博相比，网络赌博操作便利、隐蔽性强、进入门槛低，并且不受人数、时间和空间等客观条件的限制，因此危害性极大。

无论是线下赌博还是网络赌博，都是违法犯罪行为。近些年网络赌博的形式被诈骗分子大加利用，这些人通过虚假网赌平台骗取财物，受害者一旦被骗，轻则损失钱财，重则倾家荡产，更严重者引发诈骗、盗窃、抢劫、杀人等违法犯罪行为，严重危害治安秩序，成为影响社会稳定的一颗巨大毒瘤。

◎ 骗局自述

前天群里新来了一位非常活跃的大强子，今天早上他在网站上注册了账号，但是一直没有动静。晚上7点，我们一起唱完"战歌"，一看大强子还是没有动静，于是我出动了几个小号在群里分享今天的"中奖"成果，随手贴出几张"中奖记录截图"，小小刺激他一下。我们有专门的小软件，只要输入"中奖时间""用户""金额"等，就可以自动生成"中奖记录截图"。

　　时间接近凌晨，我们收拾好办公桌，等主管发言完毕，就准备回寝室睡觉了。谁知我扫了一眼屏幕上的后台数据，大强子在几分钟前投下了第一笔 10 元，对于这种突如其来的惊喜，必须让他多"赚"一点。我向主管申请，先让大强子中 3 倍于投注金额的奖，大强子持续玩了一个小时左右，差不多赚了 100 元，算是他在群里面活跃一天的"报酬"。也许是他看赌友们纷纷说要休息了，也没有客气，马上就提现了。

不一会儿，大强子又跑到群里汇报战果，我的一干小号都表示祝贺。他在群里面说还想玩一会儿，很体贴地嘱咐我和我的小号去休息，可他不知道，我怎么可能去休息呢，必须舍命陪赌徒啊。

久未等到大强子下第二笔，我心想，莫非这100元还得我自己出？！不甘心的我只好申请与主管一起值夜班了。其他同事陆续下班回寝室睡觉了，我开始在桌前打瞌睡，值班主管不知何时从衣兜里摸出来一小包槟榔递给我，我撕开包装袋，拿出里面的槟榔深吸一下，清凉的感觉直冲鼻孔，顿时清醒了不少……

说到槟榔啊，这可是个好东西，像主管给我的高级货是需要业绩达到20万以上才奖励几小包。与我关系特铁的同事不多，一周下来不见得有人能分我一颗，我得到好几次，可我太大方都分给大家了，没有存货。对于我们来说，今朝有酒今朝醉，哪管明天喝凉水！

我嚼着槟榔，看着死水一样安静的屏幕，准备再等一会儿就回寝室休息了，顺手拿起手机点开抖音，一张熟悉的全家福映入眼帘，这不是前几天那个赌徒的头像吗？下面跟着跳出几行鲜红的加粗大字："小伙儿欠下巨额赌债和网贷，无地自容烧炭自杀，妻子怀抱儿子跳楼。珍爱生命，远离网赌。"我忍不住笑出声来，推了推旁边的主管："看，这个傻帽儿，还自杀了！之前一个劲儿说赚钱了，要带着老婆儿子享福去。"主管嘟囔一句"爱死死去"，又继续捣鼓手机去了。

不知什么时候我趴在办公桌上睡着了，睁眼一看已经是早上 6 点，嘴里的槟榔早已没有味道，"呸"的一口吐进垃圾桶，使劲揉一揉脸，准备回寝室再补一个觉，此时，我习惯性地看了一眼后台数据——大强子刚下注 2000 元。

加油，给哥冲啊！我心里默默念着，这个小惊喜也冲散了我所有的睡意。

这样的一天，对我来说，是极为平常的一天，如同我的每一天；对短视频中的小伙儿来说，是他和老婆、孩子的最后一天，可是最多到明天，我就会把他忘了；对大强子来说，却几乎注定是心惊肉跳的一天、刺激的一天，也是噩梦开始的一天。

1. 多渠道引流

我是境外一家大型网赌公司的金牌客服，负责为赌客提供全面周到的服务，全天 24 小时实时解决赌客在平台注册、下注、充值中遇到的各种问题，包括当他们犹豫的时候在后面推一把。"金牌客服"当然是说我的助推能力在整个客服组中数一数二喽。

赌客从哪里来的都有，一开始可能找不到我们的平台，推广组的任务就是尽可能让更多的人"有志赌博"，凡"有志赌博"者非我们平台不选（这是他们的工作口号）。听他们说过，一般会从以下三种渠道吸引顾客或潜在顾客。

一是通过色情、交友、社交等平台引流。"黄赌毒不分家"

这句话不是白讲的，我们的客人主要来自这一渠道。只要你登录这些色情平台，我们网站的链接或二维码就会蹦出来，平台上的很多主播都兼职做我们的网站代理，一场直播下来，我们的群就能热闹沸腾一阵。此外，推广员广撒账号埋伏在各大交友和社交平台，"美女"陪你聊家常、聊爱好，时不时发点露骨性感的照片，再用嗲嗲的声音叫几声"帅哥"。面对一个"生财有道"的美女，就算是七尺大汉骨头也得发酥。这时，别说带着大汉去赚钱，就是让大汉去死，他也不会马上拒绝。

二是通过传销式的引流。比如在 QQ、微信群中发红包、福利或礼物等，当然少不了发黄色视频，只要邀请到足够的人数即可领取。甚至还有我们的同事作为群主认真计数，有模有样的，每隔一段时间会发一段不短的黄色视频，发几个不算小的红包，有时候甚至用不了几小时，就能扩充成一个几百人的大群。

三是通过搜索引擎、短信等推送广告，设置网赌平台的入口，或者下载 APP 的插件链接等。

2. 后台操控，设置"输赢"陷阱

既然你终于通过各种渠道"找到了"我们的网站平台，那么我就为你详细介绍一下吧。

打开网站主页，一位身材窈窕的美女向你勾勾手指，旁边就是我公司的口号：娱乐至死不休，赚钱永无止境！这也是我之后为你提供一系列服务的同时，会向你灌输的理念。

我公司彩种齐全、玩法众多，除了传统的赌博方式，还有各种赌博小游戏，包括时时彩、三分彩、五分彩、幸运 10、幸运 20、幸运农场、极速赛车、快乐 8……无论是主流彩种，还是最新彩种，都会以恰如其分的方式呈现在主界面，你以为我们为了顾客开发了新彩种，其实我们的技术人员只需要在后台打个钩。同时出于"服务周到"的考虑，几乎所有的彩种都是快开型，几十秒就是一局，可以满足你 24 小时随时投注的需求。

在网页底部，用鲜明的字体和图案标示着我们的"服务优势"——20 秒入账、2 分钟到账、30 家支付机构倾情为您服务。为了提高赌客对我公司的信任度，下面放着支付宝、微信、银联等的标志，当然只有你才会相信这些公司愿意和我们合作。哈哈，对不起，实在忍不住了。

我们平台的赌博体验可谓一流，每位赌客都可以实时观看博彩直播，偷偷告诉你，我们给你准备了一个惊喜：网站主页的美女正端坐在赌桌前"带赌"！是不是有一种置身现场的感觉？放心啦，这种现场体验也是需要你们自己埋单的：由于现场气氛具有感染力，不少赌客就是从最初的看客转化而来的。

讲到这里，我不得不表达一下从业以来的疑问：你凭什么认为自己能赢？当你投下第一笔钱的时候，已经在平台的"盈利控制"中了，后台的一切数据尽在我们的控制之中，可以随意修改。控制的要领即在实际没有发生资金变动的情况下，让

你尽可能地体验赌博的快感，让你赢了还想赢，输了想翻身，陷入其中不能自拔。拿时时彩来说，开奖号码都是我们自己设置的，第一个球开哪个，第二个球开哪个，上帝说了不算，而是我们说了算！我们这样的专业团队也不会乱定，一是根据你们投注的情况，机器可以自动计算投注结果；二是根据你们的经济情况、性格乃至心理状态，控制前台的"输赢"。

同行的一句"至理名言"必须与你分享：不怕你赢钱，就怕你不赌。一旦你开赌，我们就有办法让你血本无归。我们挂在主页的口号不要忘了——你们"娱乐至死不休"，我们"赚钱永无止境"。你是不是一开始就搞错了呢？

3. 无法提现，继续诈骗钱财

当你赌了几把之后，发现账户上的"余额"增加不少、准备提现出来的时候，网站页面会显示"系统错误"，作为客服的我，会要求你将一定金额转至指定账户才可提现，否则账户将被冻结。惊慌失措的你此时可能四处借款或贷款，好不容易给我们凑够这个数，仍然无法取现。

或者当你赌了几把后，我们也会上演一番冒充戏法。比如冒充通信运营商，称你因注册非法网站将被停机，同时要接受公安机关的调查，接下来电话就会被转接到"公安局"，要求你将账户上的钱转至"安全账户"方可免除通缉。恐惧之下，你也会为我们凑钱的！

也许此时你会说："早晚有一天，你们会被绳之以法的！"而我会告诉你："若你去报案，首先被抓的就是你。"其实你也明白赌博是违法的。

退一万步讲，首先，警察也得抓得到我们；其次，我们都是完成一单即时清除一单的重要数据，只剩下用代码记在本子上的数据。就算有一天警方真的破门而入，又能怎么样呢？

◎ 骗术分析

我们经常把"黄赌毒"放在一起讲，其实这里面"赌"相对来说最为特殊。"黄"需要有现实异性的互动；"毒"需要实际摄入毒品；而在网络时代，"赌"的客观条件限制被全面打破，网络让成瘾的速度大大提升。以前，一个传统赌徒需要几个月乃至几年的时间才会倾家荡产、妻离子散；现今，让一个赌徒输个精光甚至只需要一个晚上。接着，网贷、高利贷纷至沓来，在短时间内让你信用崩溃、众叛亲离，整个生活为之破灭。

网赌的成瘾性怎么能逃过骗子的嗅觉？网络赌博诈骗的盈利要远远高于一般赌博平台。在很多人的认知中，网络赌博与网络赌博诈骗是不同的。事实上，网络赌博、网络赌博诈骗和网贷从来没有分过家。现在的网络赌博平台更是最大的洗钱平台之一。

同时，网赌平台为了实现利益最大化，更是将输红了眼的赌客故意引到其他诈骗平台，产生极为严重的社会危害。

在中国，所有的网络赌博都是违法行为。下面介绍一下中国网赌的发展史。

1. 2000 年左右，我国台湾地区的宝盈公司发展了线上博彩行业。由于没有线上支付，赌客可获得一定的线上投注额度，每周结算一次，赌客赚钱则由赌博平台汇款给赌客，反之亦然。

2. 2007 年，线上支付系统慢慢成熟，很多线上赌博平台能直接充值，网赌开始正式走入人们的视野，俗称"现金网"。

3. 2009 年，经过整治之后，国内很多网络赌博平台改迁东南亚国家，当地政府看到网赌行业带来的巨额税收、保护费等，便充当这些平台的保护伞，甚至有国家立法进行保护。

4. 2010—2013 年，网络 P2P 平台和网贷平台呈爆发式增长，很多网贷公司为了抢客户，不顾国家的法律法规，用一张身份证加手机号即可申请贷款，更是助长了网赌的气焰。

5. 2014 年左右，"宝盈模式"发展为纯赌博。境外多家网络赌博平台只提供赌博方式（如金花、牌九、斗地主等），房主支付一定现金获得房间的管理权。大量的房主通过微信等方式邀请熟人加入房间赌博，每 3～5 局根据积分结算一次赌资，房主负责收付并抽水。

这类网络赌博平台俗称"包网"，即只需要交很少的钱，在最短时间内快速获得一个线上赌博平台，各种赌博游戏、支付接口都是配置好的，房主购买的是"房间"管理权。

6. 2014 年世界杯期间，很多人通过互联网在线投注彩票，输到家破人亡；2015 年，国家叫停互联网彩票，利用互联网销售彩票也属违法行为。

至此之后，所有的网络赌博直接演变成为网络赌博诈骗。

另外，偶发性地参与网络赌博，一般较难被认定为赌博罪中的"以赌博为业"，输钱情况多，赌博不是经济来源，而是经济输出。独立参与网络赌博且输钱的行为，是不构成犯罪的。赌资属于违法犯罪的赃物，只能自己承担损失，报警无法追回。

不过，如果遇到网络赌博诈骗可以主动报警，报警可以有效提升个人对网贷诈骗等其他诈骗的识别能力。同时，由于报警之后时时刻刻想到自己有参赌记录，也会降低再次参与网络赌博的可能性，还有助于打击网络诈骗。

根据《中华人民共和国治安管理处罚法》，虽不构成犯罪且被骗属于被害人，但参与赌博，也应受到治安处罚，罚款500元以下或拘留5日以下。不过实际情况是，被害人大多被警察叔叔批评一顿。

我们一方面要注重打击网络赌博诈骗，另一方面要积极帮助赌徒戒除赌瘾，老陈在此提出五点建议：

第一，断"环境"，即将手机号、QQ、微信、抖音、快手等所有的个人账号全部注销重新申办。赌博者的个人信息早已被多家赌博公司获得，这些赌博公司会不定期向其推送带有诱导性的广告和链接等，可能导致戒赌过程功亏一篑。

第二，每天早晨起床默念或大喊100遍："网络赌博就是诈骗！"用心理暗示的方式调整认知。

第三，向家人承认错误，请家人监督。无论是对小孩还是对大人，我们都提倡鼓励教育。孩子误入歧途，家人不要放弃，要时刻鼓励、监督、帮助他，用亲情的力量让赌博者从深渊中走出来。

第四，用工作、学习充实自己，让自己忙起来，提升自控能力。养成良好的睡眠习惯，避免失眠状态下赌瘾反复。

第五，经常阅读官方反诈宣传，经常与老陈连麦互动，与直播间的好友相互交流、相互鼓励。环境影响人、造就人，在这种积极、健康、互助的反诈生态环境中，可以慢慢地彻底戒掉赌瘾。

◎ 防骗指南

防范网络赌博诈骗，需注意以下三方面：

1. 国家禁止任何形式的赌博，网络赌博是违法行为，不受法律保护，参与赌博会因违反《治安管理处罚法》或《刑法》而受到处罚；网络赌博绝对不可能赢，网络赌博绝对不可能赢，网络赌博绝对不可能赢，重要的事情说三遍！

2. 国家允许购买的彩票只有国家体育彩票和国家福利彩票两种，而且不允许在互联网销售彩票，互联网销售彩票属于违法行为。

3. 警惕所有交友、色情诱饵，美女是假的，温情是假的，你的钱才是真的，跟在后面的诈骗也是真的。

网络游戏虚假交易诈骗

——给爱玩游戏的你提个醒儿

升级太慢？装备太低端？皮肤不够靓？……在网游的世界里，满足感和不满足感交织并存，打段位、上大分、装备升级等成为众多玩家的每日目标。"肝"还是"氪金"，这是个问题。越来越多的玩家选择加入氪金者行列，骗子从中看到可乘之机，利用玩家在购买游戏产品或服务时贪图小便宜、攀比等心理，设计相关骗局。

网络游戏虚假交易诈骗，是指诈骗分子在社交平台、交易网站、游戏公共聊天界面等处发布高价收购/低价出售游戏账号、低价出售游戏币、买卖游戏装备、免费领取游戏皮肤/装备、提供/购买代练服务、破解防沉迷系统、破解游戏时间限制等消息，诱导受害者在虚假游戏交易平台、微信群或QQ群内进行交易，以"注册费""押金""保证金""解冻费"等名义诱骗其支付各种费用，从而实施的诈骗。

相关报告显示，游戏诈骗受害者中，11—20岁的青少年为最大受害者群体，占比约44.8%，且受害者举报量与年龄负相关，即年龄越大，举报量越少。

◎ 骗局自述

我叫阿明，今年 16 岁，是一名高一新生。我平时对学习并不是很感兴趣，但是在游戏的世界里可是非常厉害的，什么"王者""超神"，各种成就早就拿到手软了。

1. 寻找目标，添加联系方式

这天，我正摸鱼打游戏，突然收到一条来自某游戏 QQ 群内、昵称为"一路向北的鱼"的好友申请，没有多想就点击了"添加"。

"大神，账号卖吗？我这边有路子，高价哦！"这条"鱼"发来消息，竟然是来买账号的。

我抱着试一试的心理将自己的账号成绩表现截图发了过去，问道："你看我这号怎么样，值多少钱？"

"你这号成就很高，王者印记也多，至少能卖5000元。"看他这么说，我内心禁不住一阵小雀跃，果然玩网游我还是有天赋的，账号价格就是证明。

"真的吗？那我卖了吧，反正我还可以练小号。"

2. 发送虚假链接，进入虚假平台

我担心对方是骗子，所以主动提出在某网站上交易，"一路向北的鱼"满口答应，于是，我把账号信息发布了上去。

过了好一阵，眼见购买链接没有任何动静，我心里放不下本要到手的5000元钱，于是留言询问情况，"一路向北的鱼"回复："你指定的平台不支持我使用的银行卡，不如我们走××平台吧？这个平台是我一直用的，手续费还比你说的平台要低。"接着，他发来一条链接。

在这方面，我也是有一定警惕性的，社区里贴了社区派出所的宣传海报，其中"警方提示"说：不明链接不要点！于是我问他："为什么还要链接啊？"

"不然你去网上直接搜××游戏网，我发链接是为了你点进去方便。"他还不忘嘱咐一句，"你发布商品之后马上告诉我，否则晚了我怕会被别人拍走。"

我一想：不明链接不安全，但要是百度能够搜索到的话，应该错不了。果然，我在百度上顺利搜到了××游戏网，打开网页，上面飘着一行小字：欢迎来到正规官方游戏产品交易中心。

粗略地浏览了一下网页上的内容，全部是各种游戏的交易信息，网页右上方还滚动显示几分钟前交易成功的各种游戏装备、账号等信息。

3. 以各种理由，诱导受害者转账

点击"注册"，填写注册信息之后，页面竟然显示需要缴纳200元的注册费，这时，"一路向北的鱼"似乎猜到我会犹豫，很有默契地发来一条信息："对了，这个网站注册需要一点费用，注册成功了我把钱返给你。"我想：200元没多少，注册一下吧，一会儿他会给我5000元呢。

登录之后，在"手机游戏"版块，我找到了这一款游戏，选择"全区"—"全服"，"出售商品"为"账号"，点击"账号详情"，映入眼帘的是包括商品名称、商品价格、物品数量、游戏账号、游戏密码、联系QQ、手机号码和商品描述等在内的待填写内容。为了卖号赚这5000元钱，我连游戏密码都填在上面了！

"一路向北的鱼"听我说发布了商品，没到一分钟就告诉我说他已经拍下了，让我赶快去确认。这时，我一看订单显示"交易成功"，再看下面的"账户总额"，哇，真的卖了5000

元啊！

我心里欣喜若狂，马上申请提现，网页上蹦出一则消息：由于平台相关保密协议规定，请先行缴纳 10% 的保证金，避免账号转接过程中转让方出现登录行为，待转接完毕，保证金会原路返回您的账号。

我开始有点儿怀疑，但是转念一想：也对，人家花这么多钱购买账号，确实需要一个保障。于是，我二话不说又交了500 元。

正当我准备提现收款时，页面显示：由于银行账号输入有误，您的账户已被冻结！请联系在线客服解决。我开始有点儿慌了，这张银行卡我用了三年，怎么会输错呢？我向客服描述了出现的问题，客服回答说："客户您好！非常抱歉，由于您自己操作错误，按照平台管理条款，需要充值与冻结金额相等的资金，才能为您办理解冻业务。充值成功后，您的冻结资金和解冻资金会在 10 分钟内一并返还至您的银行账户。"并且告诉我，他在后台看到我把银行卡号输错了一个数字。

我的生活费都用来交了注册费和保证金，去哪儿找 5000 元钱来解冻呢？对了！我的微信绑定了妈妈的银行卡，先借用一下，反正一会儿就能还她。这时，妈妈刚好回来了，我迫不及待地将这个好消息分享给她，可是她一脸怀疑："还没收到钱，就已经交了这么多？儿子，你被骗了吧！正规平台哪有什么解冻费啊！"

我并不完全相信妈妈的话，但是再向"一路向北的鱼"求

证平台的解冻金是不是诈骗，我的 QQ 号当即被他拉黑了！

妈妈立即拨打 110 报警。听派出所的警察叔叔说，百度搜索到的平台是虚假交易平台，骗子网站做的是百度关键词竞价点击推广，当有"鱼"上钩时，只要开启推广并且刷新，几秒钟就能排到搜索结果的第一名。而且，在虚假交易平台上输入银行卡号永远是错误的，因为平台会自动更改银行卡号中的某位数字。

事后，我的游戏账号也登录不上去了，这证明我的游戏确实玩得不错。我并没有小雀跃，而是赶紧联系游戏客服。

◎ 骗术分析

在社交平台、交易平台以及游戏当中，经常可以看到一些"低价出售装备""低价充值钻石／元宝""免费赠送装备／皮肤""高价收游戏号"等广告，并会留下联系方式。骗子经常利用这些理由，诱骗那些喜欢攀比、贪小便宜的玩家。当玩家主动联系时，骗子就会提供一个虚假交易平台链接，之后通过各种理由诱导受害者转账，或者发送带有木马病毒的链接，通过远程操控受害者电脑，非法占有其财物。

部分案件中，骗子会让受害者提供游戏账号和密码、登录服务器区域、手机号码等信息，然后通过登录受害者游戏账号，冒充受害者诈骗其游戏内的好友。

还有提供虚假代练服务的骗子，会诱使急于求成的受害者提供游戏账号和密码，要求受害者先支付一部分费用，收到钱款之后再把受害者游戏内的装备、游戏币等洗劫一空。

此外，诈骗分子常以未成年人不能买卖，需要提供其父母的银行卡、微信信息等为由，盗刷对方父母的银行卡和盗取微信余额。

有一类比较简单的诈骗，即诈骗分子在游戏里谎称低价出售游戏账号，收到转账后直接将受害者拉黑。这类诈骗多是单人作案，去派出所报案较易破案并能追回被诈骗的钱财。

◎ 防骗指南

防范网络游戏虚假交易诈骗，建议从以下几点着手：

1. 不要轻信网络上任何"低价充值"和"高价收购"的广告。

2. 充值游戏币、买卖游戏装备和账号等，一定要在官方网站或者官方指定的交易平台进行，一定要避免私下或第三方交易。

3. 任何以"注册费""押金""保证金""解冻费"为理由要求转账的，都有可能是诈骗。

4. 如有不慎上当受骗或遇到可疑情形，请注意保存证据，立即拨打110报警或咨询。以被诈骗金额较少为由，选择不去报案，不仅给执法取证带来困难，而且会让骗子越发嚣张，影响案件量刑和对不法分子的惩处力度。

5. 家长必须负起相关责任，加强对孩子使用手机的监管，不要为了换取短暂的清静，而把自己的手机丢给孩子使用。尽量不要给孩子的任何账户上绑定银行卡或其他带有支付功能的账户。

电信诈骗

冒充公检法诈骗
—— "警察" 喊你协助调查了？

冒充公检法诈骗，是指诈骗分子通过冒充公安机关、检察院、法院等国家执法、司法机关的工作人员与受害者取得联系，声称受害者因为身份被冒用或涉嫌各类违法犯罪，要求其配合调查，进而诱骗受害者将钱财转到诈骗分子提供的账户的骗局。

冒充公检法诈骗历史悠久，在演进过程中手法不断翻新，产生的变种数量居所有电信诈骗之首。2015 年 12 月，贵州省都匀市经济开发区建设局一名财务主管兼出纳被冒充公检法的诈骗分子骗了 1.17 亿元，创下电信诈骗单起被骗金额之最；2021 年 3 月，香港警方接到一名九旬的女士报警，其遭遇冒充公检法诈骗，5 个月内被骗走约 2.5 亿元港币，打破了之前的纪录。因此，冒充公检法诈骗是单起案件损失金额最高的诈骗类型，且平均每起被骗金额达 15 万元，在"杀猪盘"诈骗崛起之前，历来被称为"诈骗之王"或"骗术之王"。

为什么冒充公检法诈骗能够"经久不衰"？因为其利用了人性的弱点——恐惧。正如电影《让子弹飞》中的一段经典情节：鹅城县长的儿子六爷被胡万诬陷，胡万说他明明吃了两碗粉，却只给了一碗粉的钱。胡万用完全不符合事实和逻辑的话激怒了六爷，六爷一气之下用一把刀将自己的肚子划开，从里面掏出一团血肉模糊的东西，向大家证明他确实只吃了一碗，然而这时候他的生命也走到了尽头。

如果此时将胡万的镜头切换成诈骗分子，那么可能他也如同胡万一样，笑眯眯地戳着你的脸，告诉你："你上当了！"

◎ **骗局自述**

"你是甄聪明吗？我是 ×× 公安局的 × 警官，你涉嫌参与一起诈骗洗钱案件，请你配合我进行调查取证。"同样的开场白，同样的套路，新的一天，我拿起电话开工了。爸妈给我取名"贾敬观"，可能是对我现在的职业有所预感。

电话另一头某个"真聪明"的倒霉蛋一定露出不知所措的慌张表情，我的内心忍不住一阵暗爽。

1. 获取信息

我为什么对电话另一头的倒霉蛋此时是什么状态这么自信呢？因为当一个自称警官的人毫无预兆地联系你，并脱口而出你的重要个人信息时，是个正常人心里都会犯嘀咕：确实只有公安局、派出所才知道这些信息吧……于是，你自然开始调整思路，进入我们设计的情境。

这得益于团队同事出色的基础工作——早就购买了海量的个人信息，包括为了取得你信任的姓名、身份证号、电话号码、家庭住址、银行账户、社保卡等信息，用于诈骗话术内容选择的工作情况、职务信息、网购信息等。我们的上游产业的服务日渐升级，只要愿意花钱，他们除了提供个人信息数据库，还会对数据库中的信息做周期性的更新，也就是说，我们拿到手的都是"客户"最新、最全的资料，大大降低了工作时露出破绽的概率，提升了成功率。

他们不仅提供"客户"信息，甚至还为我们这些人提供"真实"的公检法工作人员身份信息和相应证件——以前我们只能冒充"警官/检察官/法官"，现在我们是"真警官/检察官/法官"，可以出示"真的警官证"。这项服务对我们来说，无异于游戏里的顶级装备。

这是什么意思呢？信息供应商可以通过线上和线下的方式获取现实中真实的警官信息和头像（如截取网上发布的照片或视频，或实际到公安局、检察院、法院收集信息和视频等），并伪造出"真实的警官证"。当客户对我们的身份产生怀疑去查询的时候,一定可以查出一个活生生的警察同志!产业升级当然来自血淋淋的教训,确实有不少真聪明的"客户"识破了我们假警官的身份,坏了我们的事!

2. 制造恐慌,诈骗钱财

一切准备工作就绪,我们就开始打电话了。虽然我们大部分人在境外,但是可以通过技术手段使电话显示为来自你的所在地。以前,你们警觉性没这么高的时候,我们也会用国内某异地的电话号码,现在不动动脑子,什么工作都不好做喽。

不仅电话号码是你本地的,而且为了让你深信不疑,我们使用的 QQ 号、微信号、企业号等的归属地覆盖各省、直辖市、自治区,只要你不是在火星上,就应有尽有。

刚开始入行时,我们一般都会选择小微企业的财务练手(这类信息很容易获得,从类似"企查查"等网站上,轻松就可以找到财务或老板的联系方式),原因一是这类企业的财务或老板涉世不深,二是虽然能骗到的钱不多,但是更容易让我们快速练习业务技巧和技能。等到我们"修炼"得差不多的时候,老板才让我们联系高价值的"客户",不过大致流程都差不多。

第一步,冒充身份。

我们一般自称市局某刑警支队的警察,听到"刑警"两个字相信你已经肝颤了,当然我们有时会不小心把"刑警支队"

说成"刑警科"，不过没有关系，你肯定也不知道。给你打电话的"理由"太多了，无不与时俱进，比如说你涉嫌洗钱、非法集资、非法出入境、骗保、走私毒品，以及信用卡逾期欠费等。

或者自称银行工作人员、快递公司客服、社保局工作人员、出入境大厅工作人员等，出于上述理由，需要你协助警方调查。

第二步，让你慌乱。

这时候，你越解释，我们越容易让你相信这事是真的（如

告诉你，可能是你的身份信息被他人冒用，毕竟大部分人都丢过身份证）；你越慌张，我们越开心，胜算越高。如果你说"我可是个淡定的人"，那么当我们把警官证、法律文书乃至逮捕令、通缉令拍到你眼前的时候，你干吗浑身发抖呢？

说到通缉令，我想到就会笑得肚子疼。那不是古装电视剧里张贴在城门上画着罪犯画像的"海捕文书"吗？哈哈，我们敢用，你还真信，不骗你骗谁呢？

第三步，我来"帮"你。

看你吓得瑟瑟发抖，我必须给你一根"救命稻草"。我会告诉你，只要你配合进行资金审查，排除犯罪嫌疑即可。这时，在排除外界干扰的情况下，要求你将名下账户的钱款转至我们指定的"安全账户"，或者让你下载 APP 或登录网站，填写银行卡号和密码，我们会通过共享屏幕或获取验证码，将你的钱款飞速转移走——钱是我们的了！

3. 秒速洗钱

专业的人做专业的事，下游的"地下钱庄""跑分平台"在很短的时间之内就可以将这些钱洗白，20 分钟后你再想找回自己的钱，几乎没什么希望了。

如果你说，你转账之后恍然大悟，马上报警，让国家反诈中心将钱款冻结就万事大吉了，我只想说：你想得太简单了！我们一定会和你拖到这些钱再也找不回来，才将你拉黑！或者一开始就要求多笔转账，到最后一笔的时候，前面的若干笔钱款早已经洗干净了。

最后，给大家讲一件偶然遇到的奇葩事情。有一次，我以"资金调查"为由，打电话给一个公司的财务妹子，经过我一番劝导，她把公司所有的资金都转到了我们的"安全账户"上。之后，我诈她说，她并未将需验证资金全部转入"安全账户"，结果她主动交代，自己同时在给另外一个批发部做财务。经过我们的"真诚交流"，妹子认为批发部的资金有问题，主动把批发部的全部资金转到了"安全账户"……将来如果偶遇这位妹子，我会请她吃饭的，因为她太可爱了。

◎ 骗术分析

冒充公检法诈骗利用公检法单位的权威，对受害者形成威慑后实施犯罪，每年使无数人上当受骗。其话术核心利用了心理学上的"自证控制"，即站在审判者的制高点，给受害者贴上一个不能接受的标签，对受害者的反驳证据视而不见，继续找碴儿，引诱其自证清白，从而实现对其的控制，以骗取钱财。因此，冒充公检法诈骗最重要的一个特点就是给受害者凭空捏造一个莫须有的罪名，可谓"人在家中坐，祸从天上来"。

近些年，进化后的冒充公检法诈骗，诈骗分子利用的往往是真实的警官/检察官/法官身份。线上和线下同步采集公检法公职人员的身份信息进行加工，并伪造证件，诈骗理由更是与最新的国家政策或国家发展方向相结合，因此迷惑性极强。

◎ **防骗指南**

　　识别冒充公检法诈骗一招即可：公检法部门不会网上和电话办案或执法，有事会请当事人到机关单位接受询问。

　　此外，建议注意以下几点：

　　1. 接到电话或信息声称你涉嫌洗钱、非法集资、非法出入境、骗保、走私毒品，以及信用卡逾期欠费等，切莫慌张，应该通过公检法机关、出入境大厅、社保局、邮局、银行等官方电话进行核实。公检法机关的电

不轻信！
不透露！
不转账！

喵

话不会由任何单位或部门进行转接，声称将电话转给公检法机关的，一定是诈骗。

2. 公安机关不会通过电话、QQ、微信或其他社交软件在线办案，更不会在线上详述案情，异地公安机关办案必须由本地公安机关配合。若对方找各种理由恐吓你立即处理，不用害怕，直接拨打110报警或去附近的派出所咨询即可。

3. 通过网站、APP、社交软件等出示通缉令、逮捕令、批捕书、警官证的，都是诈骗。批捕书是指检察机关批准同意公安机关进行逮捕的文书，检察院批准逮捕犯罪嫌疑人不会给本人及其家属下发所谓的批捕文书。

4. 公检法机关不存在所谓的"安全账户"，更不会发送任何网站或APP链接要求公民进行个人信息或资产认证、资产清查、自证清白，更不会要求转账汇款。

5. 冒充公检法诈骗近期出现新变种，诈骗分子以涉疫、养老等为名，编造各种理由实施诈骗。最新变种的冒充公检法诈骗，其共同特点是以当前国家政策为前提，冒充"公家"单位，以各种检查、验证为由，行诈骗之实。

6. 保护好自己的个人信息，凡是让你共享屏幕的都须警惕。

冒充其他公职人员诈骗

本篇所说的"其他公职人员"是指公检法机关以外的其他政府部门、国有企事业单位的工作人员。冒充其他公职人员诈骗与冒充公检法诈骗一样，均利用了人们对公职人员的信任，在话术上也有相似之处，区别在于冒充人员的身份不同，谎称的理由不同。

《刑法》第二百七十九条规定："冒充国家机关工作人员招摇撞骗的，处三年以下有期徒刑、拘役、管制或者剥夺政治权利；情节严重的，处三年以上十年以下有期徒刑。冒充人民警察招摇撞骗的，依照前款的规定从重处罚。"

本篇重点讲述冒充医保、社保工作人员诈骗，冒充教育局工作人员诈骗，冒充卫生部门工作人员诈骗，冒充高速管理部门诈骗，冒充部队工作人员采购物资诈骗等。另外，篇末附有冒充普通人员诈骗。

◎ 骗局回放

冒充医保、社保工作人员诈骗

某天，退休的老张收到一则手机短信：【医疗保障局】您的医疗卡已停用，请于××月××日前打开×××（网站链接）进行信息完善。老张一看非常紧张，他身体不好，三天两头得往医院跑，医保卡停用对他正常就诊开药影响很大。

情急之下，老张赶紧点开短信中的网站链接，谁知弹出一个提示框，显示的是一则重要通知：由于全国电子医保系统升级，请广大用户及时办理领取新版电子医保，未及时办理的用户，旧版医保将于××月××日停止使用，对于给您带来的不便，深表歉意！通知下方有一个"立即办理"的蓝

看着像是正规网站。

办事大厅

色按键。

点击之后，映入眼帘的是一个非常熟悉的网页——带有大红国徽和"国家医疗保障局"几个蓝色大字。老张填写了姓名和身份证号后，页面显示"您当前的电子社保为旧版，请您绑定银行卡或信用卡，办理领取新版电子医保"。选择"开始办理"进入"办理大厅"，需要填写银行账号、账户余额和手机号码三项。

老张虽然感觉到填写账户余额有点奇怪，但是并没有细想——国家医疗保障局的官网还会有什么问题呢？对国家没有什么秘密！于是认认真真、有零有整地在账户余额框中输入了"100000.00"这一数字。填写好之后，页面显示"正在检验信息，请勿关闭页面"。进度圈转了足足有几分钟，终于显示需要在30秒内输入手机验证码，老张看过之后赶紧在心中默念，生怕记错一位。

没想到页面显示："验证码输入错误，请重新输入！"老张连续"错误输入"了5次，不禁感慨自己年纪大了、老眼昏花，喝口水休息的工夫才注意到手机上有5条转账成功的短信，最后一条显示银行卡账户余额为0，这时才意识到自己可能被骗了。

老张报警之后，民警向他介绍，他点击登录的"国家医疗保障局"网站是假的，网页制作与真正的官网几乎一模一样。"办理"过程中要求输入"账户余额"也是诈骗分子为了保证转账金额在账户余额之内，否则无法成功，这一项对骗子至关重要。而老张 5 次将验证码"输入错误",实际上是骗子进行了 5 次转账操作,将老张的账户清空,一分钱都没有给他留下。

冒充教育局工作人员诈骗

蔡女士是单亲妈妈,独自一人抚养女儿长大,日常从事街道的清洁工作来维持两个人的基本生活。女儿今年就读高中一年级,开学在即,面临一笔不小的开销。为了缓解家庭经济紧张的状况,她们向教育局申请了助学贷款。

没过几天,蔡女士接到一通来自"教育局资助中心工作人员"的电话。电话中的这位"工作人员"一口标准的普通话,自称负责当地助学贷款申领事宜,蔡女士女儿的贷款申请已经被领导批准。刚开始的时候蔡女士半信半疑,但是对方准确地说出女儿的姓名、学校、班级、家庭住址、身份证号和申请贷款金额 6000 元,便打消了她的疑虑。接着,"工作人员"告诉蔡女士:"等会儿我同事王科长会联系您,处理发放贷款事宜。"

原本就心急如焚的蔡女士,一会儿后便接到一个以"95"开头的陌生电话,对方自称"王科长"。"王科长"让蔡女士准备一张银行卡,并告知蔡女士到附近 ATM 收取 6000 元的助学贷款。

"王科长"以发放助学贷款人数众多为由,不停催促蔡女士到附近银行的 ATM 收取助学贷款。慌乱的蔡女士在"王科长"的指挥下,输入了对方的银行卡号,以及所谓的"申请码"——4306。操作完成之后，"王科长"立即挂断了电话，蔡女士的手机此时收到一条"转账成功"的短信。蔡女士这才发现，银行卡里本来为女儿准备的学费已经转入骗子的账户。当她准备回拨"王科长"和"资助中心工作人员"的电话时，发现对方的号码根本打不通，不禁瘫软在地。

蔡女士报警之后，民警不仅详细解释了她被骗过程中的细节，还向她普及了此类诈骗的其他手法。

有的以"免费发放教育补贴""助学补贴"等为由，先骗取"手续费"，然后想方设法骗光受害者的所有钱财。而这些受害者，有可能是学生，更多的可能是学生的监护人。

有的冒充教育局工作人员先拨打学生家长的电话，告诉家长，他/她的小孩可以领取助学金了，然后再让家长告诉学生"教育局工作人员"的电话。此时，学生由于信任家长，会在未分辨真假的情况之下直接拨打"教育局工作人员"的电话，接着诈骗分子以各种理由骗光学生银行卡中的钱。

还有的冒充教育局工作人员、学校领导或班主任群发短信，声称可以办理各类"特殊照顾资格"，帮助办理学生入学、调整学区，帮助中考或高考未上线考生获取降分优惠或加分福利等，收取"打点费""好处费""录取费"等，对学生及家长进行诈骗。

冒充卫生部门工作人员诈骗

"您好，是王××女士吗？我是社区卫生服务中心的工作人员。由于我市目前出现××疫情，根据大数据显示，您于本月27日去过××医院，属于密接人员，现需要进行集中隔离观察。"

周六的早晨，王女士接到这样一通电话，瞬间心急如焚，她当天明明在公司上班，根本没有去过××医院。她将这一情况和这位"工作人员"如实说明，可是对方表示，他是按上级指示办事，如果王女士有疑义，不妨亲自与警察核实，他可以把电话转接到派出所。

这时，电话里传来另一个声音，自称派出所的陈警官。听了相关陈述，"陈警官"要求王女士通过QQ视频验证身份。王女士加了QQ、接通视频之后，看到对方穿着"警服"，于是完全没有怀疑。"陈警官"认为，可能是王女士个人信息泄露，被别有用心的人冒用身份就医。

王女士一听非常害怕，怎么会有人冒用自己的身份看病？岂不是后果很严重！如此一想，王女士答应积极配合"调查"。"陈警官"发来一个网站链接，请她点击进入，按照要求填写资料。除了姓名、居住地、年龄、健康状况和旅居史等，还有银行卡、密码和手机验证码，王女士按照指引一一填写。事后，她才发现银行卡内2.4万元余额被转走。

报警之后，真正的民警同志告诉王女士，从2020年至今，与疫情相关的骗术五花八门，很多骗子会伪装成社区卫生服务中心或其他卫生部门工作人员，或谎称进行疾病传染路径排查，或谎称受害者近期接触人员有异常，甚至谎称受害者已感染病毒，以售卖"特效药"等，手法变幻莫测，但最终目的是要受害者转账汇款或者提供银行账号、密码和验证码等。真正的卫生部门工作人员绝对不会询问财产等与疾病传播不相关的问题，绝对不会以任何理由发送链接让公民点击、填写，不会向任何人索要银行卡号、密码和验证码等重要私人信息，更不会以疾病为理由推销任何医药治疗产品。

王女士听了之后恍然大悟，虽然自己遭受了严重损失，但是吃一堑，长一智。同时，为了防患于未然，她决定将警察同志的叮嘱告知周围的亲戚、朋友，以免更多的人上当受骗。

冒充高速管理部门诈骗

某个周五晚上，小文收到一则短信，称她的ETC已过期，需在××月××日前到×××（网站链接）签办。小文原本准备周末开车带父母到郊区游玩，心想ETC如果不能用还得另寻出行工具，凭空增加了很多麻烦。

心急之下，她点开了短信中的网站链接，页面与自己之前申请ETC的页面非常相似，就没有产生任何怀疑，毫不犹豫地在网页中按照要求输入了身份证号、银行卡号和手机号，还输入了手机接到的短信验证码。

没想到的是，提交完成5分钟之后，小文收到自己银行卡连续扣款4次的信息，每次650元，共计2600元，这时她感觉到不对劲，自己明明没有输入密码，钱怎么就不翼而飞了，难道是有人在盗刷她的银行卡？！

小文一阵发蒙，想到她的银行卡里还有 6 万元钱，于是赶紧将余额转到母亲的银行卡内，之后立即赶到派出所报警。

民警第一时间对小文的银行卡紧急止付，之后告诉她，她所登录的所谓"ETC 签办平台"是骗子制作的高度仿真平台，冒充正规 ETC 办理平台，通过群发短信引受害者上钩。还好她反应快，及时把余额转到了安全的地方，不然损失可能更严重。

民警把这一诈骗手法发到了辖区派出所的联络群："ETC 过期失效、停用、认证属于诈骗短信，不要点击短信链接，输入任何个人信息。银行办理 ETC 业务时无须二次认证，ETC 账户不存在过期失效一说，ETC 的车载设备有效期是 10 年，续期时无须操作银行账户。"果然，消息发出去之后，不少辖区群众都反馈说收到了与小文同样的 ETC 诈骗短信，多亏民警及时提醒，否则会有更多人上当受骗。

冒充部队工作人员采购物资诈骗

刘先生经营着一家小超市，这天接到一个陌生电话，对方自称本地武警部队后勤采购部负责人，最近因为集训需要临时增补物资，经刘先生的一位朋友间接介绍，想从他这里采购一批矿泉水、大米、面粉和牛肉罐头等。

刘先生做生意本来就朋友遍天下，虽然搞不清楚对方所说的朋友具体是哪位，但是他并没有多想。添加对方为微信好友之后，这位"负责人"给刘先生发来一张带有"中国人民武装警察部队"抬头的采购清单，两人经过商谈之后很快确定了采购合同细节，并相约第二天在超市见面签订合同，一周后送货到部队大院。

就在这时，"采购部负责人"说，领导临时下达指示，要他再购买一批自热米饭，为了缩短招标时间、简化合同手续等，请刘先生一并提供。刘先生的超市就是普通的便民超市，怎么可能有部队用的自热米饭？听到这一情况，"负责人"向他推荐了一家叫作××的食品公司，说以前他本人在这家公司采购过自热米饭，品质很不错，百度上就可以查到联系方式，让他自行联系。

刘先生当即百度了一下，果然有××食品公司的官方网站，主页上还有"铁血军魂，国泰民安；保障军需，军民同心"16个红色大字，下面的公司简介中展示了各种专为部队提供的食品，其中自热米饭属于他们的品牌产品。刘老板一看，立即拨通了网页上的联系电话。

对方说，因为最近临近八一建军节，各地举办相关活动，对军用方便食品的需求量增大，所以必须先付全款才能保证马上发货，一周内方可送到，不然按目前排队的订单来计算，可能要安排到一个月后了。刘先生担心因为自热米饭而影响整个订单，二话不说就给对方提供的账户转账了5万元钱。

这时，"武警部队采购部负责人"又打来电话，说他的领导要求再加购 50 箱自热米饭，刘先生再次向 ×× 食品公司的账户转账 5 万元。没想到的是，过了半个小时，"负责人"要求再次加购，刘先生方才产生了怀疑，约对方今天即来超市签订合同，结果他的微信马上被拉黑了。

刘先生报警之后，民警通过国家企业信用信息公示系统还真查询到了 ×× 食品公司，但经营范围并不包括自热米饭。这是怎么回事呢？原来 ×× 食品公司真实存在，但其并没有自己的官方网站，诈骗分子专门"帮"它制作了一个虚假的"官网"，并在上面预留了电话用于诈骗。

民警还向刘先生介绍说，冒充部队工作人员采购物资诈骗一般分三步：第一，套近乎。骗子声称他是经过刘先生的朋友介绍而来。第二，出岔子。前面商定合同都是虚晃一招，骗子临时加购的商品均会选择商店本身不可能提供的。第三，演双簧。这是诈骗的核心环节——正当商家一筹莫展的时候，对方会提供供应商的联系方式，且供应商一般会要求付全款或者高额定金，骗到钱之后拉黑受害者。

◎ **骗术分析**

冒充公职人员诈骗利用了人们对政府机关、国有企事业单位工作人员的信任感，严重影响了国家机关的威信和正常工作，社会危害性极大。

在此类诈骗中，不法分子前期搜集所要冒充部门的相关信息，并伪造所要冒充部门的证明文件和材料等；同时，通过非法途径获取公民个人信息以及其他社会信息，前者如姓名、电话、身份证号、家庭住址等，后者如医保、社保、助学金申请等，并根据受害者个人情况编造适合的诈骗剧本。诈骗过程中，不法分子通过说出受害者的个人信息，或者出示伪造证件图片、伪造文件，制作虚假官方网站等，取得受害者的信任，之后诱骗其填写银行卡号、密码、验证码等，以盗刷受害者账户资金，或者以各种名义要求受害者向指定账户转账，以达到骗取钱财的目的。

◎ **防骗指南**

防范冒充其他公职人员诈骗，需注意以下几方面：

1. 国家医疗保障局网站域名为"www.nhsa.gov.cn"，其他均属虚假网站。办理相关业务应直接输入官方网站域名，而不是通过搜索引擎或者他人提供的链接进入。如果收到信息或电话提示社保卡存在异常，切勿轻信，首先拨打 12345/12333 热线进行咨询核实。

2. 学生家长应遵守学校入学、考试等的相关规定，切勿通过找关系、走捷径等方式处理，避免误入歧途。

3. 国家公职人员不会通过电话询问个人信息，并指导他人进行银行业务的任何操作，只要接到类似电话，就可能遭到诈骗。

4. 各企业应特别注意经常在网上搜索自己的企业名称，防止不法分子制作虚假企业官方网站或者发布与企业相关的虚假信息，一旦发现应立即举报删除，避免不知不觉被诈骗分子利用而变成被告。

◎ 附：冒充普通人员诈骗

以下补充一些冒充普通人员的诈骗。

1. 冒充房东诈骗

常见的诈骗短信内容为："你好，我是房东，新换了手机号×××，请惠存。我在外地办事，这次房租交给我丈夫/妻子，银行卡号×××……"

2. 冒充机主换新号诈骗

这类诈骗又称"请惠存"诈骗。这类诈骗中，不法分子发送的手机短信或微信常包含"我是某某，更换了手机号码""我是某某，以前一起做××""因为××原因，换了电话号码"等内容。这种诈骗中，诈骗分子根据地理位置，使用不同的号码群发短信。

3. 冒充黑社会敲诈

一般受害者接到电话时，就会听到诈骗分子恶狠狠地说："你得罪了××，给我们拿一些酒水钱……你的名字××，家庭地址×××，身份证号×××……"

4. 冒充供电／水单位工作人员诈骗

一般通过电话或网络通知受害者欠费，即将停电／停水，让受害者转账到指定账户；或以线路维修金等为由，要求受害者转账到指定账户。

冒充普通人员诈骗多与我们的工作、生活、学习息息相关，花样百出，不再一一举例。

遇到以上情况，应先与当事人联系，确定实际情况，若遇到有人威胁你的生命安全，请及时拨打110，可有效降低被诈骗的概率。

冒充领导诈骗

——"领导"的忙，我能不帮？

现今互联网已基本实现全覆盖，线上沟通部分取代了线下见面，我们手机中的手机号和社交软件无形中成了亲戚、朋友、领导、老板等的对应存在，这也是冒充熟人诈骗层出不穷的重要原因。

冒充领导诈骗是冒充熟人诈骗中的一种。本篇中的冒充领导诈骗专指诈骗分子假冒党政领导干部主动添加受害者的 QQ、微信等社交账号，通过日常言语寒暄、询问受害者工作或企业运转情况等方式取得信任以骗取钱财的骗局。主要诈骗对象为基层干部、企业负责人以及单位财务人员等。

◎ 骗局回放

请问：把大象装冰箱，总共分几步？

回答：三步。第一步，把冰箱门打开；第二步，把大象放进去；第三步，把冰箱门关上。

再请问：骗子让你打钱，总共分几步？

回答：只需要两步。第一步，成为你的"领导"；第二步，让你打钱。

也许你会质疑：这是绝对不可能发生的事情！那么，请听以下分解。

1. 利用公开信息伪装"领导"

诈骗分子一般会盯着"当地"的主要领导，或者"当地"主抓经济的领导，或者与"当地"企事业单位打交道比较多的领导，由于无论是其个人基本情况、照片，还是日常公务活动信息等，基本都会公布在政府网站上，所以比较容易获取。

在领导换届期间，此类诈骗分子更为活跃，抓住一切热

点，并利用下级和企事业单位对新领导不熟悉的客观情况，使用这些领导的真实姓名和头像作为微信昵称和头像（同时注明是"政务微信"），将他们的日常工作活动信息发布在朋友圈上。

至于"当地"的知名企业，以及企业负责人的姓名和手机号（这些人的手机号大多关联微信），有几个途径可以获得：一是可以从"企查查"等软件上找到；二是下载非法软件获取手机通信录，如非法网贷软件等；三是扫描非法二维码，登录后获取通信名单，如几乎每人都遇到过的"清死粉"、登录查看 QQ 价值等；四是有专门的"上游产业"通过线上和线下相结合的方式获取此类信息。诈骗分子会对这些信息进行筛选，根据不同对象设计不同的剧本，做好前期准备。

2. 锁定对象，取得信任

诈骗分子将自己包装成"领导"后，会主动向企业负责人递出橄榄枝，这些负责人一看"现任领导"申请添加微信好友，几乎没有不通过的。

成为"好友"后，诈骗分子并不着急下手，会先按话术本说些场面上的话培养感情，比如询问企业经营状况、疫情防控情况、复工复产的进展，强调最新的国家政策等；还会表彰一下知名企业，鼓励一下中小企业。诈骗分子精通话题范围控制，绝对不会涉及实质性的内容，其话术本经过实践反复修改，属于"万能话术"，一般不会露出马脚。

企业负责人看到"领导"如此关心自己企业的经营状况，

又没有提出什么要求，信任又多了几分。

3. 时机成熟，骗取钱财

一旦时机成熟，"领导"会以身份不便为理由，声称先转账给企业负责人，要求企业负责人帮他们转账给他人。作为一位政府公职人员，"身份不便"这个理由再合适不过了。对于一个企业负责人而言，钱先打到自己账户再转账，完全没有任何风险，同时还帮了领导的忙，何乐而不为呢？毕竟他们一直想巴结领导，只是苦于没有机会，诈骗分子给他们创造了这一"机会"。

这时诈骗分子会发一张"转账截图",声称钱已经转过去了。你要相信,很多人即使没有查到转账信息,也会乐颠颠地把钱打到"领导"指定的账户上的!如果企业负责人"不开化",还不能领会其中深意,仍然说账户上没有收到钱,诈骗分子则会"严厉"地告诉企业负责人,因为跨行转账有延迟,让企业先行垫付,有一些财务制度不甚规范的企业,这时候就不会坚持了。

有时,企业负责人提供的账户真的会收到进账提醒,实际上为了让他们深信不疑,诈骗分子会选择办理次日/隔日到账业务,看到企业负责人完成转账汇款后,还会以各种理由要求对方再次或多次转账。最后,诈骗分子则会取消这笔次日/隔日到账业务,金额原路返回。

以上为冒充领导诈骗的全过程,在实际的诈骗中,诈骗分子会根据受害者的具体情况随机应变,本着"能少步骤则少步骤"的原则实施诈骗。

还有一类是冒充"公家"领导诈骗财务/下属,属于上述诈骗形式的简化版。

◎ **骗术分析**

冒充领导诈骗之所以层出不穷,是因为诈骗分子利用了受害者渴望得到领导人情关照的心理。受害者不想脚踏实地,而是希望通过与领导建立私人联系、给领导办事等途径获得企事业单位的利好和优惠，才会被诈骗分子钻了漏洞。

◎ 防骗指南

有效识别并防止冒充领导诈骗，建议从以下三点着手：

1. 谨记：党政领导干部一般不会将转账汇款事宜委托给别人办理。

2. 如果前期无法辨别，转账汇款前须通过电话、语音、视频乃至直接见面等真实有效的方式向领导核实。如果无法联系上对方，坚决不转账、不汇款。

3. 在日常生活和工作中注意保护个人信息，防止泄露。

冒充老板诈骗

——企业财务人员必读

冒充老板诈骗是冒充熟人诈骗的一种，是指诈骗分子假冒企业老板或其合作伙伴，主动添加企业财务或出纳人员的 QQ、微信等社交账号，以企业经营或发展新业务为由，直接让财务或出纳人员向指定账户转账以骗取钱财的骗局。主要诈骗对象为企业财务人员。

◎ 骗局自述

收到老板要求马上转账汇款的信息，身为财务人员的你，是立即执行老板的指令，还是多个心眼再与老板确认一下？作为一位"职业"假老板，我当然希望所有企业的员工都"唯命是从"，尤其是财务人员。

1. 获取信息伪装老板

话说，我是怎么伪装成贵公司老板的？一方面，当然是靠我公司同事的共同努力，他们事先通过互联网黑客技术窃取了各个公司老总、副总、财务人员乃至合作伙伴的信息，哦，不是窃取，是共享，高级技术人员的事怎么能叫窃呢？或者干脆购买，提供这种信息服务的"上游公司"多的是，哪里有钱赚，哪里就有犯罪，不不不，哪里就有生意！今天进账 200 万元，心情好喝多了，总说大实话。另一方面，也是托贵公司的福，从不注意挂在网上的公司和人员信息，哪还有什么隐私呢？

技术问题解决之后，我会潜伏在贵公司的工作群里学习公司业务、财务流程，甚至模仿了老板的工作方式和说话语气，别提多努力了，有时候需要花足足半年，你说我们干这行容易吗？

大多数人可能不会相信，如果不干这行我也不相信：只要我模拟真老板的微信头像、昵称、个性签名和朋友圈建立新账号，员工乃至高管会自然将我当成真老板，即使有那么一丝疑虑，也会因为"老板的事嘛，不用问为什么"的心理作祟，放弃向老板求证。哪里有心理弱点，哪里就有我们的存在！

2. 建立直接联系，骗取信任

这不就是嘛，我用"新微信号"加了公司副手，让他将"咱的"中层员工拉个新群，他二话不说就去办了，真是我的得力助手。对于他们来说，我是老板，群里都是自己人；可是他们根本不知道，对于我来说，我可是"狼入羊群"，这群里除了我是个骗子，不，我是个外人，什么办公室、人力资源、后勤保障等部门主管无一不是他们自己人。当然，我特别锁定的"大肥羊"一定是财务部门主管了。

　　此时，你可能会担心我这个骗子的安危，不怕被揭穿吗？你完全多虑了，别忘了是副总拉我入群的，相当于他亲自帮我"验明正身"，还怕别人不相信我是真老板吗？你可能又要问了，真老板难道不会知道凭空多出这么一个工作群来？你又多虑了，真老板忙得很，哪有空管工作群这种芝麻小事。

　　我可以明目张胆地在群里观察各个部门的动态，有人会偶尔在群里发个开会通知，他们越是这样，越能增加财务主管对我的信任。当然，我早就私下添加了他的微信，只等有一天伺机而动。

你以为我们打入"敌人"内部只有这一种方式？太小瞧我们这个行业了！下面再给你们展示几种升级版：

（1）通过真实信箱地址实施诈骗。窃取老板／总经理办公室的邮箱，给财务人员及其他员工发邮件，要求其加入我们的微信／QQ"工作交流群"，实施诈骗。

（2）利用你不熟悉的"会话模式"实施诈骗。我们有时会直接实施诈骗：假冒客户公司财务联系贵公司财务，添加通信好友，拉入多人会话群，群里有假冒的老板、客户老板和客户财务，通过编造理由获取公司账户余额，虚拟一个项目，然后实施诈骗。

（3）利用真实的邮箱地址、会话来源等信息实施诈骗。如先以某员工的身份加入公司群（我们经常租用好友有几百人的各种账号），再冒充公司老板、人事等群发邮件或消息，以工作为由邀请特定的人加群，实施诈骗。

（4）通过公司人员名单，并使用"发起新的群聊"对话模式实施诈骗。可以先取得人事主管的联系方式，要求人事主管发送一份花名册，之后建群拉人，并且虚拟项目，再通过在群内使用"发起新的群聊"诈骗财务。

……

总之，对我们来说，条条大路通罗马。方法千千万，我们经常两两组合、三三组合使用，就变成一种新的诈骗，只要我们发现这种方式你不熟悉，那么这一款就适合你。

3. 伺机而动，骗取钱财

真老板总会有出差，或者家里有事的一天，他在异地忙碌的时刻，就是我们下手的时刻。

"小王啊，有个工程需要打款，你赶紧转账 50 万元到这个账户……飞机要起飞了，先不和你说了。""有笔款需要加急办理，现在不便细说，手续等我忙完再补，先转 30 万元到李总账户……"我用大脚趾就能编一箩筐你从来没有看到过的理由。同时，出于自己的心理弱点，财务也会给自己的违规操作编一箩筐理由："按规定应该如何，但老板不是在忙嘛，不要惹他心烦。""努力配合老板，说不定立了大功，等老板回来，我就能升职加薪哦！"

轻轻松松几十万进账，之后我还会根据贵公司的财务状况酌情让你数次转账，直到你发现为止。然后我会将你拉黑或者删除，微信号、QQ号、手机号这些就直接不用了。

当完成你的这一单后，如果没有其他需要我照顾的"顾客"，我可能就会去享受我美好的假期了，可能是一天、两天或三天，具体多久，得看你的"贡献度"了。

◎ 骗术分析

冒充老板诈骗由来已久，这种诈骗一是利用了很多员工唯老板之命是从的心理弱点，二是钻了不少中小企业财务制度与执行不甚规范的漏洞。由于财务人员的特殊身份，这类诈骗案件一旦发生，往往金额较大，给企业的生产经营带来困难，甚至造成毁灭性打击，因此危害性不容小觑。

这类诈骗不断出现新手法，比如骗子通过招聘平台进行引流，冒充老板添加企业的人事，然后通过各种话术要求其转账。此类诈骗不仅财务人员首当其冲，任何在职人员都要保持警惕。

◎ 防骗指南

防范冒充老板诈骗，建议做到以下四点：

1. 建立公司工作群一定要谨慎，如果需要建立，一定要采用面对面建群的方式，避免不法分子趁机混入。

2. 处理财务事宜时，一定要严格遵守公司的财务制度和工作流程。凡是涉及转账汇款的，务必跟老板当面或者电话确认，涉及大额转账、实时到账时，更要谨慎。作为一名合格的下属，不应因为害怕被领导责怪，而将公司和自己置于危险的境地。

3. 这类诈骗的关键点之一就是老板换新的 QQ 号、微信号、手机号等，遇到这种情况，一定要联系其旧有号码，最好当面进行确认。有些诈骗分子向老板手机植入病毒，甚至会利用"呼叫转移"的方式，即使电话另一头是真老板，这个手机号也不一定在他的手里。

4. 在网络上发布公司的相关信息时务必慎重，定期检查工作用的电脑、邮箱、账号等硬件和软件的安全性。

冒充亲人 / 熟人诈骗

——我正在向你求救？

冒充亲人 / 熟人诈骗是冒充类诈骗的一种，主要是指诈骗分子通过非法渠道盗取亲人 / 熟人相关身份信息，利用 QQ、微信等社交账号和手机等通信手段，谎称其亲人 / 熟人遭遇车祸、疾病、绑架等紧急情况，要求受害者向指定账户转账以骗取钱财的骗局。

在这类诈骗中，冒充亲人诈骗与冒充熟人诈骗在话术上有较大区别，相对来说，冒充熟人较易分辨。

冒充亲人诈骗的对象多为父母、爷爷奶奶、兄弟姐妹、叔伯姨、姑舅等。

冒充熟人诈骗的对象多为同学、同事、朋友、合作伙伴等。

在冒充亲人诈骗中，冒充留学生诈骗亲属较为典型且不易分辨，一是留学生群体普遍家庭条件优越，成为诈骗分子理想的目标对象；二是留学生身在海外，与国内亲人存在时差，联系不便，后者获取消息不及时；三是案件牵涉海外，不乏当地警方不予受理或不配合调查的情况。

◎ 骗局自述

　　风和日丽的某一天，年近五旬的你也许会接到一通陌生的境外电话，也可能是收到一段视频："你的孩子×××，年龄23岁，在××大学上学，现在在我们手里，不想他/她被'撕票'的话，立即、马上把30万元赎金打到××××账户上，晚了我们可不等人。警告你，报警的话你儿子/女儿将会死无全尸！"这时，电话另一端可能传来你的孩子"真实"的求救声，视频上可能还会出现孩子的贴身物品，甚至被捆绑住手脚的画面……这突如其来的消息如同晴天霹雳，让你的大脑一片空白。

爸妈救我！

电话另一端的我对此类场景早已见怪不怪，大部分留学生父母接到以上电话或收到类似视频，基本是瘫软在地，瞬间丧失所有的思考能力，任由我们摆布。

为了达到如此完美的效果，我们可没少花工夫！

从上面这一小段"倾情演出"，你大概能看出一二。至少留学生的个人信息和家庭信息我们要先弄到手，我们可以分析出他们的家庭情况和经济条件。留学生的社交账号属于基础配置，如果再有留学生的照片、视频和贴身物品就是锦上添花，对他们的父母来说，这些无异于杀伤性武器，分分钟让他们当牛做马不在话下！

有人会问，留学生的社交账号竟会这么容易落入我们手中吗？这帮小孩嫩得很，大多过惯了衣来伸手、饭来张口的生活，毫无"江湖"经验。比如，在国外读书免不了租房或者找工作，我们的技术人员早在租房或者招聘网站上种下病毒，像"×国留学签证发生变化""××兼职，轻松过万"这种话题很容易吸引他们的注意，并且注册登记，留下自己的个人信息。

这年头，光用孩子的社交账号和他们的父母聊天已经不太好办事了，必须使出一套"组合拳"，打得他们眼花缭乱！我会冒充国内公检法部门的工作人员给留学生打电话，用各种理由恐吓他们，比如其信用卡被盗用、涉嫌参与洗钱或贩毒等刑事案件，这时他们一般已经被吓尿了，我让他们往东他们不敢往西。所以我会让他们录一段自己被绑起来或向爸妈哭诉的视频，向法官求情来减轻罪行——不可思议的是，他们真的会相信并照做！我的个神啊，这连我自己都不敢相信啊！当然了，聪明的留学生也有，是时候展示真正的技术了，AI换脸技术可以帮我们解除后顾之忧。

这里插播一句，如果留学生自己账上有很多钱，直接让他配合"资金审查"，将其转到我们的"安全账户"，我这个月的绩效一般即可轻松完成，开头那出戏码就省了。

接下来，我会指示他们躲到"玉米地"里，或者将手机设置为呼叫转移，美其名曰办案需要，保证其家人、朋友、同学、老师乃至警察都找不到他们，避免我的好事被中途破坏。（"玉米地"是一个好地方，你不要问我在哪儿，反正是你找不到的地方。）

公检法部门的"公职人员"不是我唯一的身份，我还可能是国内海关人员、驻外使领馆工作人员、国际刑警组织的工作人员等，只要能让你害怕，相信并且配合我的工作，我就会七十二变。

接下来，开场的那一幕就上演了！

顿时，你仿佛置身真空一般，惊慌失措之中疯狂地拨打孩子的电话，但是怎么也无法接通……回想刚才看到孩子向你求救的无助画面，百爪挠心一般难受，根本不敢有一丝侥幸，此时此刻就算让你去银行抢30万元打到我们的账户上，恐怕也在所不惜。

于是，不出意外，我这个月的绩效将超额完成。总结一下

工作心得：多加一出戏码还是很划算的。作为一个积极上进的员工，休假期间，我倒是可以再改进一下车祸、急病等剧本，争取也能达到这么撕心裂肺的效果。

◎ 骗术分析

冒充亲人/熟人诈骗利用了人们对亲情和友情的重视，及其处于紧急情况下惊慌失措的心理状态，短时间内失去对骗局的判断与甄别能力，导致钱财被骗。这一骗术的残酷之处在于精准拿捏了人性最柔软的地方，遇到此类情况，很多亲人或熟人即使当时发现了一些纰漏，也不敢怀着一丝侥幸拿求救者的生命开玩笑。

诈骗分子冒充亲人/熟人骗取钱财的方式众多，以上案例仅是冰山一角，以下列出一些更为常见的手法：

1. 冒充亲人／熟人，谎称被逮捕需要缴纳罚款，让受害者向指定账户转账汇款。

2. 冒充亲人／熟人，虚构生病、车祸、手术等紧急情况，让受害者向其指定账户转账汇款。这种情况往往是群体性地被诈骗，并且多与"求助者"使用社交账号（QQ、微信居多）非法登录不法分子创建的网站、APP，或扫描不法分子生成的二维码有关，或者与其使用社交账号和密码注册登录一些违法的贷款平台/APP/网站有关。

3. 冒充学生，以购买生活、学习用品，参加重要课程培训等理由诈骗其亲人／熟人。

这一诈骗多见于在校学生出租／出售其社交账号（QQ、微信居多），被诈骗分子使用并冒充其身份，一般先用于"杀猪盘"、网络投资诈骗、刷单诈骗等，后续诈骗分子还常以购买生活、学习用品，参加重要课程培训等理由，骗取其亲人／熟人的钱财。在校学生出租／出售社交账号导致他人被诈骗，事发后学生多以社交账号被盗为由报案，但一般不会说明以何种方式被盗。

诈骗分子冒充学生诈骗其亲人／熟人前，往往会将其社交账号"经营"一段时间，包括但不限于冒充学生身份与受害者持续聊天，发布一些带有特殊目的的朋友圈内容，直接骗取钱财，或者将其亲人／熟人拉入"杀猪盘"、网络投资诈骗、刷单诈骗等骗局。

4. 冒充亲人／熟人，以购物或转账汇款等为由，借用其支付账号用于洗钱，或直接盗取其账号内的钱款。

5. 冒充亲人／熟人，谎称需要周转资金，先将现金转到受害者的银行账户，再让受害者通过其他支付方式转入其指定账户，使受害者在不知不觉间成为洗钱链条中的一环，同时可能被诈骗。

此外，还有一些方式由不同手法延伸或组合产生，比如冒充亲人／熟人索取他人的社交账号，再使用这一账号实施诈骗等。

◎ 防骗指南

防范冒充亲人／熟人诈骗，建议注意以下几点：

1. 保护个人信息，谨防泄露。

2. 日常多了解一些基本的法律常识和公检法等政府机关的工作流程，尤其要记住，公检法机关并没有所谓的"网上办案"和"安全账户"。

3. 有孩子在国外读书或工作的公民一定要增强防范意识。在社交平台上聊天时，双方尽量多说一些只有双方才了解的事情，在对方提到需要用钱时，要多考虑一下，可以通过拨打电话或者视频连线确认此事。

4. 在拨打电话和视频连线的过程中，要小心确认求助者的身份，诈骗分子极有可能利用各种技术手段编造、合成他人的声音、影像等来迷惑被求助者。由于行骗过程中，人脸效果更易取得被求助者的信任，现在很多冒充亲人 / 熟人的诈骗分子也常用 AI 换脸技术伪装成求助者，所以视频连线确认身份应为主动式的，如做个鬼脸、转身一圈等。

5. 不能确认真实用途的情况下，不要随意配合他人（尤其是陌生人）录制紧急情境之下的音频或视频。特别需要注意的是，很多用于诈骗的视频就是将解冻 QQ、微信等社交账号的视频加以剪辑而成。

6. 如果身在国外的亲人 / 熟人向你"求救"，或者接到恐吓威胁的电话或视频，切记不要惊慌失措，请先拨打中国驻外大使馆或领事馆电话，详细告知相关情况，确保做出正确处置。

情感诈骗

婚恋交友诈骗
——问世间情为何物，直教人家财散尽

人们交友的目的各不相同，有的是为了寻找志同道合的知音，有的以恋爱、结婚为目的，也有的将其作为一种娱乐消遣，还有的只是想发展一夜情。随着互联网的迅速发展，网络平台为人们交友、婚恋乃至猎艳提供了极大的便利，既有QQ、微信等即时通信工具，又有微博、论坛、贴吧等互动平台，还有专门的交友、婚恋软件或网站，很多人通过互联网"千里姻缘一线牵"，逐步发展为线下的朋友、恋人或爱人，真实地获得亲密关系带来的乐趣。

婚恋交友是人们生活的重要组成部分，而不法分子也盯上了这一有利可图的"蛋糕"。目前的婚恋交友诈骗大多从互联网非接触式诈骗开始，部分止于网络交流，部分发展为线下接触。不法分子通过编造各种身份、设计各类骗局，获取受害者的信任，确立交往关系，进而实施诈骗。

◎ 骗局自述

大家好，我叫游艺兴，今年25岁，大专学历，身高180cm，体重75kg，五官俊美，体格健硕，走在任何一条大街上，都是那条街上最靓的仔。就连现在被关押在看守所里，同屋室友看到我，暗淡的眼睛也一下亮了起来。

明天就是2月14日情人节，如果不是一时不慎进了局子，这一天本来可以大大收割一把"韭菜"。大家是否已经猜到了我的工作？对，我是职业"情感抚慰师"，俗称"感情骗子"，但是我骗的不是感情，而是钱。

回顾我的职业生涯，起始于三年前与同学的一场聊天。我大专学的是动漫设计专业，在读期间不是在看动漫，就是在看动漫的路上，唯独不知道设计动漫为何物。总之，毕业之后我就失业了，宅在家里沉迷于刷短视频。短视频里到处都是成功人士的成功事迹和金句，导致我一度怀疑世界上只有自己一个loser（失败者）。正当我一蹶不振的时候，大学同学吴诚信发来微信，一句话点燃了我："想不想发财？"我秒回道："做梦都想啊！"在吴同学的介绍下，我来到位于河南郑州郊区的一

家公司，从此，人生发生了重大转折。

公司对外宣称是做美容护肤品销售的，真正做的却是"交友恋爱"的生意。像我这样的帅哥，恋爱从小谈到大，说起来这才是我真正的"专业"。有时我忽悠恋爱脑的女士，有时转换性别勾搭男人——谁让男人更懂男人，一勾一个准。大多数时候，男人走肾，女人走心，骗就完了！

骗局一：网恋索钱诈骗

互联网无疑是我们骗子的福音，既有各类社交、相亲软件/网站，又有"附近的人""摇一摇""漂流瓶"等艳遇"神器"，满足长线和短线骗局的需求。作为一个"爱岗敬业"的骗子，我在上面注册了多款账号：有男有女，有老有少，男有"高富帅"，女有"白富美"，全面覆盖大众需求和审美，当然也会为条件不错且有特殊喜好的"客户"定制一些小众账号。

很多网友不明所以，看到账号内容显示的光鲜外表和优越条件，会主动凑上来添加好友。同时，我们也不会被动等待，日常在各个平台寻找合适目标，主动出击。

各平台会展示用户的个人资料，比如交友或相亲网站会有外貌、年龄、学历、兴趣爱好、交友观、爱情观、理想对象等信息，社交软件会有工作、生活、社交、爱好等资料，这些在一定程度上可以帮助我们定制人设：你是32岁轻熟女，那我恰是29岁幼齿男；你离异，那我正好丧偶；你读清华计算机系，业余爱好文史，那我就是北大中文系刚毕业；你是巨蟹座且相信星座，那我正是与你匹配度极高的天蝎座……总之，我们会基于对个人资料的分析和判断，为TA设定一个无懈可击的"完美恋人"。

接下来就是展开爱情攻势，虽然每个人的性格、喜好不尽相同，但是让对方感受到爱是有一些基本操作的。比如，"亲爱的""宝贝""小乖乖"之类的昵称常挂嘴边；亲亲、抱抱、举高高的表情包要跟上；持续聊天、语音、视频通话少不了；每天关心对方三件事：别太累，喝热水，早点睡，就算对方嘴上嫌弃，心里也温暖；情意缠绵的话更是直击灵魂的必杀技："每天工作很累，回到家空荡荡的，房子再大，连个说心里话的人都没有。告诉你一个秘密，我一直渴望过上'一屋两人三餐四季，有人问你衣可暖，有人问你粥可温'的生活，寻寻觅觅这么久，现在她/他终于出现了……""亲爱的，虽然才认识几天，但是我的心里已经不自觉地在叫你老公/老婆了，我们虽然还没有见面，但是好像老夫老妻啊……"这些话肉麻是肉麻了些，但是谁看了、听了不浑身被电得麻酥酥的？不得不说，现代网民大部分身心饥渴得很，几天的工夫一般就破防了。当然，情话不是随便说的，要循序渐进，每天将关系推进一点点，就离我下手不远了！

　　要不了多久，我便开始借钱了，以及索要生日、节日红包。（这个时间可长可短，基本上取决于对方坠入爱河的速度，当然也取决于 TA 的智商和情商。）生日、节日红包不必多说，520 元、1314 元总是要有的；借钱呢，开始不会很多，几十、几百元不等，逐渐发展到由于发生意外事故或事件，需要大笔开销，理由多的是，从充话费、买衣服到家人生病、朋友出车祸等。同时我还会向对方保证，一定会尽快安排时间奔现，以及一起见家长，宗旨就是强调自己是真心与对方交往的，稳得越久，骗的钱越多！

　　也有刚进入状态就迫不及待要求马上见面的，这种情况也没问题。我根本不可能安然无恙地与你见面：

　　出发前，我妈妈送我的时候不小心摔了一跤，我得马上带着她去医院，可是身上带的钱不够，能不能先给我转 1000 元？

　　第二天，妈妈的病没有大碍，但是医生给开了药，需要再

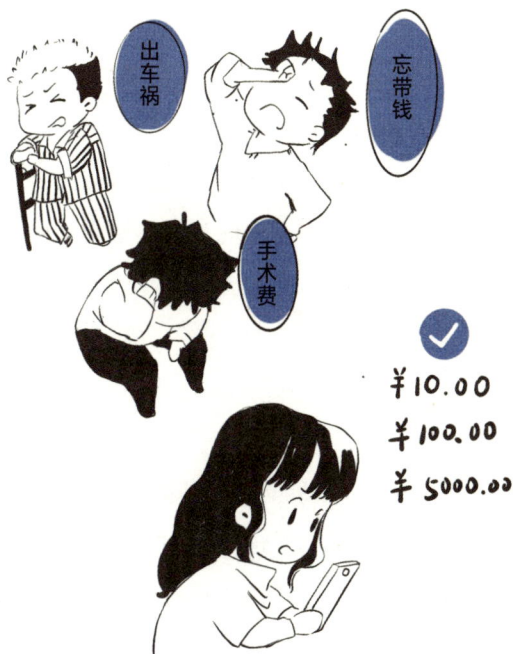

转 2000 元，我下午给妈妈办了出院手续就去找你。

好不容易到了车站，嘤嘤嘤，亲爱的，我太倒霉了，钱包被偷了，车票在里面！

……

前期"感情"培养得越深厚，后期不管我编出什么样离谱的理由，对方都深信不疑，财源滚滚而来，挡都挡不住。直到 TA 自己开窍，或者钱都进了我的腰包，再也没的骗，最后无一例外被我拉黑。

我都能想象，TA 被我拉黑之后，独自一人坐在空荡荡的家里，连个说说这事儿的人都没有……问世间情为何物，直教人家财散尽！

我从不自责，还希望被我骗的人多了解一下世事险恶。前几天看到一则新闻，题目叫《两女同"嫁"已婚男，共被骗7万多元，一人怀孕》，与这种既骗财又骗色、既骗婚又搞到女方怀孕的无良骗子相比，"只恋爱，不奔现"的我是多么有良心！

骗局二：酒托

入了我们这一行，发展空间还是挺广阔的，只要把感情谈好，收入滚滚而来。我们会与线下的店面搞合作，也许你听说过KTV、咖啡馆、餐厅有酒托，其实小影厅、小影吧、台球室等也有相应的托儿，只要是能高额消费的门店，都可以成为我们的合作对象，一起发财。我们的收入主要来源于"业务提成"。一般情况下，在"托女"与"肥羊"见面之前，我们不会向"肥羊"借钱、要钱，以免东窗事发。据某个"托女"说，"有很多合作的门店，消费者全部是我们或同行带来的顾客"。

我的工作依旧是敲键盘。我会注册微信、QQ、陌陌及各大相亲网站的账号，头像一般选择清纯无害的类型，这时候才稍微用上我学的动漫设计专业，找个可爱的动漫女主是个不错的选择，和那些"妖艳贱货"区别开来。当然，有"真人"头像更好，既要让"肥羊"感受到家一般的温馨，又不失飘飘欲仙的浪漫之感。个性签名要体现出邻家少女的特点，比如：小仙女想谈一场甜甜的恋爱，但是小仙女是个甜蜜的麻烦；我藏着好多温暖的小秘密，唯独喜欢藏不住。标准是不能太主动，但要引人遐想。

入行早期，打开 QQ、微信等手机应用的定位功能就会冒出很多人主动打招呼，如果我主动加对方为好友，更是很少有人拒绝。加上好友后要主动自我介绍，本着"礼尚往来"的原则，对方一般也会跟着介绍一下自己，这样就可以了解一些情况，尤其是经济情况。当然，现在完全不局限于使用定位功能，随便哪个区域的"肥羊"，我们"键盘手"都可以勾搭。

走长期路线还是短期路线，在加好友的渠道上已经分流了。使用定位功能的人内心一般极度饥渴，恨不得稍微撩几下就搞定；通过其他交友、相亲平台添加的，则要走长线。这时候，爱情攻势那一套又派上用场了。

当然了，"肥羊"上钩之后，我这个做"键盘手"的大老爷们儿不用抛头露面，只要对方答应出来，我们就有专门的统筹人员会把这些人的信息整理好发给"托头"，比如姓名（包括网名）、电话、约会的城市、经济状况及聊天内容等。之后，会根据"肥羊"所在的城市匹配附近的"托女"，要求其主动联系、按时赴约。

"托女"一般受过专业培训，且临场应变能力较强。比如，对方质疑长相为什么与网络头像不同，表现优秀的"托女"会说："傻瓜，你不知道现在都有美图秀秀吗？真实的我是不是更漂亮？"再如，"肥羊"要去吃快餐，"托女"会娇嗔道："我知道你节俭，但是人家要保持身材，不想吃那些垃圾食品。我知道附近有家××餐厅，很不错，带你去试试。"

也许你和"托女"吃完饭，还想去找一家咖啡吧坐一坐，"托女"会给你推荐一家消费奇高且有包间的咖啡吧；如果"感情深"，之后可能还会去看一场电影，"托女"会给你推荐一家不错的小影吧，这些影吧都有双人间；或者去KTV、台球室，都是带有"VVVIP包房"的……一系列消费之后，到了晚上，你想要和"托女"有更进一步的发展吗？"妈妈不准我晚上8点后回家。"

"肥羊"通常都是死要面子的，哪怕经济条件一般，此时此刻有美女在侧，打肿脸也要充胖子。当然，我们也是有节操的，会根据他们的经济状况和表现来决定要不要继续"加菜"。不乏现场醒悟过来的"肥羊"，这时候"托女"会主动要求这单她请，毕竟警察真来了麻烦就大了。可惜这种有点儿觉悟的"肥羊"连一小半都没有，大部分逃不过挨宰的命运。

"恋爱"真是一笔低成本、高回报的生意，奈何我们不走运。由于业绩突出，公司奖励我们一次海外游，结果在回家的路上被警察叔叔连人带车拦下。

◎ **骗术分析**

不可否认，无论人类文明进化到何种程度，情感始终是人的弱点，无论是婚恋交友诈骗，还是其他以感情为基础的诈骗，都是利用了这一点。一般建立在男女关系上的骗局，一是骗财，二是骗色，如果有第三个目的，那一定是二者兼得。

一般来讲，男女对于爱情的看法是不一样的：大多数男人可以将对爱情的需求分为心理和生理上的，心理上的"感情"和生理上的"性爱"是可以分开的；而大多数女人却无法分开，也就是说，女性只有在有"感情"的基础上，才可能达成"性爱"。基于这一根本性的区别，男人被骗的过程一般是出于对性爱的需求，受到相应的诱惑，之后被骗取金钱；女人被骗则是由于对爱情和关爱的渴望，如果此时正好出现这样一份感情，她们似乎可以头脑发热地付出一切。以上也就是俗话说的，"男人走肾，女人走心"。

很显然，历来诈骗有术，骗子根据男女不同的心理特点，为他们量身打造了不同的骗术。如针对男性，有酒托、饭托、游戏托，色诱刷单、裸聊诈骗等；针对女性，则有臭名昭著的"杀猪盘"诈骗。

《中国式离婚》里有一句话："女人相信自己的耳朵胜过眼睛。付出之前多想想，他是在跟你谈情，还是诱你上当。"其实，在这一点上面不分男女，遇到看起来完美的爱情和婚姻，要保持一颗警醒的心，在验证真实身份之前，一定要洁身自好，更不要轻易投入感情，特别是在涉及财物时务必谨慎。线上交友尽量远离一些情色暗示较明显的平台，线下见面要远离不良场所。

老陈提醒一句：你爱的人和他／她的特质，反映了你所缺乏的和你的需求。如果爱情是有条件的，你打算用什么换？在现实生活中，爱情本就是有条件的，天底下没有无缘无故凭空出现的爱，当自己匮乏又渴望的东西轻易地出现在眼前时，第一时间不是一股脑儿地扑上去，而是应该思考：为什么"高富帅""白富美"会找到如此平凡的自己？

◎ **防骗指南**

1. 不要轻信各种平台上的征婚交友广告和信息，如果认识了想要与之婚恋交友的对象，要对其个人身份和家庭背景有真实掌握，须审查对方身份证，必要时可请公安机关帮忙。

2. 婚恋交友过程中（如果计划结婚，则是在结婚登记前），最好不要有经济往来和共同投资理财行为，尤其避免大笔的经济往来，如大额的借款等。

3. 提高警惕，加强防范。骗子在行骗过程中会有很多漏洞和破绽，只要稍加留心，并通过调查，就能发现问题。在确定其真实身份之前，一定要洁身自好，更不要轻易投入感情。

4. 如若发现自己被骗或可能被骗，要保存好相关证据材料，尽快报警，协助公安机关调查取证。

"杀猪盘"诈骗

——谈恋爱吗？倾家荡产的那种

　　"杀猪盘"诈骗是后果最严重的电信诈骗类型，主要是指不法分子通过婚恋平台、社交软件寻找潜在受害者，通过聊天发展感情以取得信任，将其引入博彩、理财、投资等诈骗平台，引诱其进行充值，骗取钱财和感情的骗局。在诈骗行业中，诈骗分子将那些能骗取感情或信任的对象叫作"猪"，把建立恋爱或类似恋爱关系的过程叫作"养猪"，把实施诈骗的环节叫作"杀猪"。

　　"杀猪盘"诈骗在电信诈骗中有"诈骗之王"之称，主要有以下两个原因。第一，"杀猪盘"诈骗涉及的金额都比较大；第二，这种诈骗手法需要诈骗分子与对象长期培养感情，这导致很多受害者被骗取钱财之后，一段时间内仍然对这份"爱情"深信不疑，幻想着"他/她还爱我，绝对不会骗我"，陷入精神困境，难以自拔。

　　大部分"杀猪盘"受害者被诈骗了所有积蓄以及大量借款和贷款，导致生活异常艰难，需要拼命工作偿还巨额债务，还会对感情失去信心，内心变得比较脆弱。长时间的身心危害导致很多受害者极易患上抑郁症，更有甚者选择轻生。

◎ 骗局自述

我叫阿强，今年22岁，在缅甸果敢某诈骗公司做"话务"工作。经过努力钻研，从业一年的我已经是部门的"业务骨干"。这个月，公司已经为我出色的业绩放过4次烟花了，我认为有必要为大家讲一讲我辉煌的"杀猪"生涯。

1. 选定目标

首先，我们会潜伏在国内各大正规婚恋网站中寻找目标。大型、正规婚恋网站是优质大龄单身女性的聚集地。这类女性的条件一般比较好，在择偶方面要求比较高，现实生活中往往高不成低不就，入得了她们"法眼"的对象早已婚配，尚未结婚的则由于诸种原因，她们也看不上。这类人群一般会选择比较知名的婚恋网站实名注册，一方面她们线下交友圈狭窄，认为通过互联网交友范围更广；另一方面她们深信知名的婚恋网站专业性更高，能为自己匹配更多适合的对象。

作为拥有职业操守的"杀猪盘"骗子，精益求精是我们的终极追求，不谦虚地说，我们从事的诈骗行业比其他任何行业更讲究专业性。自从业的第一天开始，所有同事都被灌输了这一观念：把握生命里的每一分钟，没有人能随随便便成功。讲到这里，必须先夸一夸我们团队对目标对象的精准定位，强调几个关键词：大龄、单身、女性。

为什么选大龄？年龄大了，身边的朋友大多已经结婚生子，她们却还孑然一身，再加上父母亲戚的催促，就算接受过高等教育，心里的焦虑也是无法抵消的。

为什么选单身的？单身青年独居，会产生强烈的孤独寂寞感，心理防线普遍比较薄弱，长期独居者症状更加明显。这里不排除离异，以及已婚但婚姻不幸福的情况。

为什么选女性？我们的诈骗对象里不乏男性，但基本以女性为主。女性总体偏向于感性，一旦产生了感情，会非常专一，即使隔着屏幕，都能感觉到她们对我们深信不疑、掏心掏肺。

符合以上三点，基本可以锁定一个优质对象，对我们而言，就是经济条件比较好的目标。一般来说，大龄单身女性家庭条件不会太差，拥有较高学历，相对缺乏社会经验，长时间将精力投入到学业、工作乃至事业上，奋斗数年积累了可观的财富，更容易坚信：自己勤勤恳恳的努力和宁缺毋滥的等待是值得的，相信完美男友有一天一定会踏着七彩祥云出现在眼前。可惜，出现的这个人也可能是我——一个"杀猪盘"骗子！

2. 建立人设

别看我只有初中文化水平，大龄单身女性去婚恋网站寻找良缘的心理无非是"广撒网，多敛鱼，择优而从之"，这是我们上岗培训时导师强调的要点，实际上与我们是殊途同归的。

我们同样是在大型、正规婚恋网站上进行过"实名认证"的用户，只不过此实名非我们的实名，是老板和同事打包收购来的。从此，我们寄生在这些姓名、籍贯、出生年月、身份证号码，包括长相之下，不以真实面目出现。虽然婚恋网站监管日益严格，但认证之后仍然很难做到全程监控，这让我们有机可乘。你以为我们每个人只有一个账号，只在一个网站上登记？大错特错，诈骗行业可是最讲究效率的行业呢！

为了提高工作效率，我们会选定多个目标对象同步进行。当然，有的时候因为傻子太多，我们自己也会混乱，所以还是要记住指导方针——择优而从之，从中筛选重点"培养"对象，给她们打上标签、编上序号，尽量分不同时段一对一"攻破"。假如有一天，她们可以看到我们社交软件上那些长长的备注名，包括认识的日期、姓名、年龄、职业，是老板还是打工人，诸如此类的关键信息，从此一定不再相信他人。像我这样的优秀员工，还会将每个"猪"的个人资料制作成表格，重点的绝对不能聊错，不是重点的聊错就聊错吧，对业绩影响不大。

选定目标之后，我们要给自己建立一个人设。在此之前，我们已经包装好了身份。身份千千万，但万变不离其宗，一个统一的标准是不会变的，俗称"高富帅"。比如，我手机里常用的婚恋软件账号就有9个，名字、年龄、籍贯等各不相同，但头像却无一例外地帅气，资料显示的形象更是堪称完美。人与人相识，始于颜值，所以我必须长得很高大、很英俊，让那些自称不肤浅、不在意外表的女性也难以抵挡白马王子般的颜值的诱惑。同时，我必须做生意小有成就，拥有让普通人羡慕的财富，时不时晒晒豪车、别墅，以及国外旅行的照片。一是为了赢取芳心，经济实力代表一个人的能力，有能力的人不一定有钱，但是有钱的人一定有能力，这些女性大多数是慕强

的；二是为之后的操作埋下伏笔，你们待会儿就明白了。

你可能又要问，真的那么高、那么帅吗？真的有豪车和别墅吗？真的会去国内外旅游吗？那是不可能的！别忘了我们可是一个专业团队，这些图片我的同事早就给我们准备好了，成套的素材应有尽有。偶尔有空也可以学着去收集，但是效率不高，听同事说成套的素材在网上只卖几毛钱。

3. 培养感情

接下来我们会主动联系对方，自我介绍在某婚恋网站上看到她发布的交友信息，认为她完全符合自己的择偶标准。她自然会回复我，我的条件是根据她的情况，专门为她"量身定做"的，相信她看到了私下肯定会偷着乐，这样我们就建立了初步的联系。

"三百六十行，行行出状元"，小时候听老师说这句话，从未放在心上，直到干了诈骗这一行，才知道老师真的没有骗我。我从小学习成绩不好，但是经过用心研读《最新杀猪攻略》《杀猪盘剧本教程》《杀猪话术》《杀猪技巧》等公司配套的教材之后，加上不断练习、实践和改良，不到两个月，我已经熟练掌握情感诈骗技巧，是时候展示我真正的"技术"了。

大多数女性，即便再独立、再自强、再女汉子，对温柔体贴、细心周到、无微不至的暖男都是没有抵抗力的，因此，我除了是"高富帅"，必定兼具暖男特质。每天早晨一起床，我准时问候早安，发上提前准备好的精美图片，或健身靓照，或为她准备的爱心早餐，不然就发束刚刚绽放的玫瑰花，她会和收到真花一样高兴，再发个拥抱、亲吻的表情包，她的心会在想象中融化。我还会时刻关注她所在城市的天气，天热叮嘱她避暑，天冷嘱咐她加衣。在我精心的呵护之下，她逐渐把我当作可以依赖的港湾。到特殊的节日，比如情人节、"520"、七夕节，我会发她一个五块二的爱心红包，52元我出不起，520元就更别谈了。当然了，重点"培养"对象我们偶尔是会下血本的——向领导申请给她订束真的玫瑰花。这时候你要问了，五块二能买得了她吃亏、买得了她上当吗？答案是肯定的，因为像她们这样的女性，在乎的不是钱，毕竟我的条件就足够吸引她了。

我每天都会和她聊天，让她时刻感受我的贴身陪伴，感受我的博才多学，感受我的积极乐观，感受我能找到她这一红颜知己死而无憾。她绝对不知道，我同时在和多个女性聊天。聊天内容都有专业剧本，而且剧本早已实现了用户细分，根据每个人的性格特点分出 ABCD 等选项，如果她回答 A，我就按 A 选项继续，如果她回答 B，我就按 B 选项继续。不要以为我们不会使用语音通话，甚至为了让"猪"信任我们，语音通话大多不加入变声技术。但是我们一般不会发实时视频，有的特别执着的"女朋友"强烈要求而无法拒绝的时候，也会进行技术处理，视频模糊，时间又短，不会按照对方的要求做动作。所以，我们使用得最多的沟通方式还是在虚拟世界里打字。在虚拟的世界里，对方脑海里都是对我的无限想象，甚至连缺点都会变得可爱美好。

4. 引导投资

我和她的感情在直线升温中得以确立和牢固，甚至以"老公""老婆"相称呼。到这一阶段，我会时不时给她承诺一些"空头支票"。比如，正努力将业务向她居住的城市发展和转移，以后可以陪在她的身边；忙完这段时间准备和她一起去旅游；看好一套别墅作为我们以后的婚房，看好一辆豪车打算送给她，诸如此类。

"养猪"一般需要 3～90 天（我最长的"养猪"纪录是

120天），这个时候她的脑海里基本全部是我们的未来，她已经毫无保留地爱上了我；对我来说，时机也成熟了。我会在某次闲聊之中看似无意地告诉她，自己有朋友是某投资平台的高级技术人员，可以获得内部消息，知道平台运行的一个漏洞，按照一定规律买入、卖出虚拟币可盈利20%左右，正好我有个封闭式培训，让她帮忙操作几天。为了我们的别墅，为了我们的跑车，为了我们的家庭，为了我们的梦想，宝贝，你就动一下自己的手指，一切都会有的！为什么要让她上手操作呢？就是为了让她迅速建立错误的认知：即使是她这样的小白也能赚到很多。让她体验多巴胺飙升的快感。

于是，在我"培训"回来之后，她会自然而然、不必我费任何口舌地主动加入投资。这时候我一定不能流露出激动的心情，而是扮演一个为她的财产负责的靠谱男人的角色。我会明确而慎重地告诉她：虽然我们有内部消息，但是一切投资都是有风险的，一定要稳扎稳打，可以先投个5000元试试。她那么爱我，当然什么都听我的了。

在我们的"投资平台"上，各种庞大的数字让人眼花缭乱，但是那仅仅是些数字而已，我的同事可以随意在后台修改，这恐怕颠覆了你的认知吧。当然了，第一、第二笔投资收益我们会让她得到，会让对方享受一下提现的快乐，比如她第一笔投5000元"赚了"1000元，我们会顺利地让她提现出去。至于那种想提几万、几十万元的，我们会根据情况分析是否要放长线钓大鱼，如果经过评估风险较大，当然见好就收，随机应变是我们最基本的职业素养。

在"爱情"的魔力下，在"高额盈利"的诱惑下，"老婆"先是把手上的零钱凑了5万元投入平台，几次操作下来"赚了"1万余元，后来陆续提前支取3年和5年的银行定期存款共20万元，继续在平台买进。此时，我早已摸清了她所有的资产情况，决定使出撒手锏："老婆，我们都老大不小了，这个平台的故障很快会被发现并修复，我们一起再赚一大笔就奔现结婚吧！我出50万元，你出50万元，我们用你的实名身份建立一个100万元的账户，就有资格买进盈利级别更高的虚拟币了。""老婆"已经被我完全洗脑，没有任何思考能力了，她

赎回了所有的基金、债权和保险等理财产品，甚至在我的"指点"下已经向亲戚朋友借了一圈钱，把钱包刮得干干净净，双手捧着 50 万元真金白银来给我冲这个月的业绩！她做梦也想不到，我的 50 万元仅仅是个毫无意义的数字，是引诱她的假鱼饵！

5. 冻结账户

此时，她的账户本金加盈利总额显示有 140 万元，我知道她再也拿不出别的钱，我的工作接近尾声。她会在某次买进卖出操作时无意发现一则信息："您的操作有误，账户已被冻结。如有疑问，请联系官方客服。"我的同事会告诉她所谓的原因和解决办法：她的账户由于涉嫌洗钱，被监管单位冻结，需要将 20 万元一次性转入指定账户，只有监管单位梳理资金流无瑕疵，才能解冻。

她一定非常着急，着急也没有办法，我做生意暂时资金周转不开；我也可以看情况勉强凑个几万元，不能再多了——同事在后台敲敲键盘、点下鼠标的事。剩下的我会给她指路，向各种银行贷款和网络贷款。如果运气好，我还能最后冲到一笔小业绩；而对她来说，那就是压死骆驼的最后一根稻草。

当她所有的积蓄、所有能借到的钱、所有能贷到的钱都没了，就是我要离开的时刻了。我会删除她的联系方式或拉黑她吗？不会。我们干这一行是有"职业操守"的，可以骗人钱财，但是不能要人性命。毕竟出了人命的话，公安机关会将此列为重点侦破案件，我们只是诈骗犯，并不想做杀人犯。如果她出现过激行为，我们会做好善后工作，安抚一段时间。

你应该不知道，我完全不怕她去报警，因为我们不在警察轻易找得到的地方，就连我们的 IP 地址也是经过技术手段处理过的，我们怕什么呢？

诈骗过程中，也可能遇到一些聪明的"猪"，但是我们在"热恋"过程中就已经有"备案"了。我会要求和她裸聊，保存一些不雅视频和图片。如果我的工作进展不顺利，我会用这些内容要挟和勒索她。如果整个过程她特别听话，这些隐私内容也不浪费，我们还有专门的渠道可以将资源再利用。

讲到这里，你还想和我谈一场"恋爱"吗？

◎ **骗术分析**

"杀猪盘"诈骗利用了人性的两个弱点：一是对感情的幻想，二是对物质的贪婪。诈骗分子在"养猪"阶段使用了相关心理学技巧，使目标对象彻底信任自己，没有深入了解过的人，很难识别和防范，受害者一步一步心甘情愿地陷入诈骗分子设置的圈套当中。因为沉没成本，受害者往往抱着最后一丝希望通过借贷的方式"奋力一搏"，不幸的是，这反而成了压死骆驼的最后一根稻草。

这种骗术针对的主要对象是大龄单身女青年。但实际上，不分年龄，不分性别，所有生活孤单、渴望结束单身生活的人都容易成为骗子锁定的目标。

◎ 防骗指南

防范"杀猪盘"诈骗，建议做到以下几点：

1. 保护个人隐私，不向任何陌生人透露自己的个人信息。

2. 交友过程中注意核查对方的相关信息，包括个人身份信息、工作单位及内容等。通过向其工作单位查询，拨打 114 等查询电话，在官网、权威网站搜索等方式进行详细调查、客观甄别。

3. 交友过程中坚决不与对方进行金钱往来，做到这一点基本可以避免被诈骗。

4. 不将对方的行为合理化，遇事多向专业人士咨询。

有一句话说得好："别人待我如何是我的因果，我待别人如何是我的修行。"每个人都有追求美好爱情的权利，但是，首先要了解自己、看清自己。一个人遇到怎样的婚恋对象，是由他的自身条件和所处的环境决定的。如果一个人在现实生活中很难找到心仪的婚恋对象，在虚拟世界同样不会容易。处在适婚年龄的"高富帅"，现实中有很多女孩追求，为什么偏偏会选择你、主动联系你？遇事多问自己为什么。

谨记：一切不正常的，就是有问题的。

裸聊敲诈勒索

——聊点儿刺激的？真够刺激的！

裸聊敲诈勒索，是指不法分子以色情引诱受害者下载安装含有木马病毒的特定社交 APP，窃取其手机通信录，接着以向其亲友、同事、合作伙伴等发送受害者"裸聊"视频来恐吓敲诈，达到非法占有钱财的目的。

色情行业一直是各种违法犯罪的源头或温床，在互联网环境下，相关黑灰产就有网上招嫖、色情诈骗、裸贷等，与这些欺诈手段相比，裸聊敲诈勒索相对特殊。受害者因为顾及在生活、工作圈中的面子，让不法分子删除自己的不雅视频，避免被"爆"通信录，往往会任由其宰割。不法分子一旦尝到甜头，如同接收到信号一般，会一而再、再而三地以各种理由连续敲诈勒索，直到受害者被榨干，或者幡然醒悟。近些年，各大媒体详细披露过这一手法，但时至今日，依然有很多寂寞难耐的男女屡屡中招。

◎ 骗局自述

"在干吗呢，哥哥？"小企鹅"咳嗽"一声，看到可爱性感的美女头像，你毫不犹豫地选择添加对方为好友。漫漫长夜，作为资深单身狗的你无心睡眠，美女主动添加 QQ，她是什么意思呢？你在内心想入非非，脸上浮出意味深长的微笑。

只有男人才更了解男人，这些男同胞遇到美女主动添加好友，"一班"（一般）的想法是：闲着也是闲着，又没有女朋友，玩玩嘛！"二班"的想法是：需求是相互的，彼此彼此。如果还有"三班""四班"的想法，相差也不大。

俗话说"人性是经不起考验的"，我们经常开玩笑说："性是经不起考验的，人性是用来赚钱的！"每次和同事聊到这里，总是忍不住哈哈大笑。

说真的，我做的这一行太轻松了，做梦都没想到能过上"躺着把钱赚了"的生活。闲来无聊，我给你们讲一讲，反正也不会影响我们的"生意"——因空虚寂寞而裸聊的人前赴后继，被吓唬后转钱的人前赴后继，我们从不担心失业，就怕大家同时变聪明，不给我们打钱，那我们就没招儿了。必须说一句，本行业谢谢各位慷慨"赞助"！

1. 引导添加第三方软件

"小哥哥，晚上好呀，想要跟我网爱吗？"

"可以啊，小姐姐打算怎么玩？"

这是我的日常开工对话，我最常用的是开门见山式，工作久了你就会发现，这种事越直白越好，效率高得出乎意料。同时，我会发上几秒的短视频把他的欲望逗引上来。事实证明，模模糊糊、若隐若现的视频效果最好。

深夜孤单寂寞冷的小哥哥到处都是。公司的宣传人员一般会在 QQ 群发布"福利"消息，在贴吧、论坛发布"美女在线直播"的广告，还有像我这样自称"寂寞美女"的一线聊天人员通过 QQ、陌陌等社交软件主动添加这些在网上游荡，到处找"小视频"的小哥哥。此外，很多小哥哥喜欢用社交软件上的"摇一摇""附近的人"功能，我们有很多同事埋伏在这里。

"哥哥，你玩过吗？我们可以开视频互看互污。"

别看这些男人白天一本正经，晚上寂寞袭来时没一个正经，"美女"一撩瞬间血脉偾张，鼻血恐怕都流下来了。

"来啊，妹子，哥哥满足你，直接开视频吗？"

我当然要将他们引到公司专用的"午夜玫瑰"直播 APP 上，这个 APP 是老板花了几千块买的，里面除了一些色情图片，没什么实质内容，但重要的是带有木马病毒，只要小哥哥下载安装，他的通信录、实时位置和短信等重要信息就都到手了。

"不行，会被举报的，要保证安全哦。哥哥，你下载这个软件，然后进 ×× 号房间，别忘了先帮小妹直播点个小爱心，爱你哦。"

"没问题，不过，这个要收钱吗？"小哥哥这时还智商在线。

我赶紧解释一下："视频互看平时是要收费的。但是哥哥你这么帅，人又这么好，当然有独家福利咯。别忘了让妹妹也快活一下啊。对了，不要说话哦，我这里隔音不好。"

小哥哥急不可耐，很快通过我发的链接下载了"午夜玫瑰"。安装之后，他的手机设备名称、手机号、IP 地址等信息在我们的后台一览无余。我们可以对他的手机实时定位，并且

可以进行查看、下载、清空通信录或短信等操作。他进了"房间"之后马上给我点了赞，加了关注。

2. 录制不雅视频

"哥哥，你准备好了吗？你可不要眨眼睛哦。"

"准备好了，准备好了……妹子，你好美啊，身材好劲爆啊！"小哥哥发来文字，后面是一连串数不清的色表情。他看到的是一个娇艳绝伦的美女脱衣服的视频，实际上是老板提前准备好的"裸聊"视频，所以我刚才告诉他"不要说话"。

视频里的他已经看傻了，都忘了脱衣服，我催促道："哎呀，人家有点儿害羞啦，哥哥你赶快一起嘛！"

"美女"一发嗲，大叔没办法。我看着这小伙子开始脱了，继续说道："哥哥离远一点，我想要看全身。"

我们一般会录一两分钟，当小哥哥还沉浸在无限意淫中的时候，视频就断开了，"春梦"烟消云散。

3. 使用话术敲诈勒索

剧情陡转，"美女"消失，出来"抠脚大汉"的声音！

接下来就是我们的核心工作了。

首先，我们会把不雅视频发给小哥哥，以"删视频"为由要钱。如果他要报警，我会好好鼓励他，说我希望他把这件事闹得越大越好，最好让他周围所有的人都看到他"打飞机"的视频；如果他完全不打算配合，我会告诉他，我要找他通信录里的亲友帮他处理。

"你觉得几千块钱和你的人格、尊严比起来，哪个更重要？兄弟，几千块你嫌贵，我真发出去了，看你以后怎么做人！"再顺势念出一两个与他关系比较近的亲友的姓名和电话，小哥哥一定吓得魂飞魄散。男人很多都好面子，一听这个，哪儿还扛得住，大部分就乖乖交钱了。

第一波拿下，这对我们来说意味着什么呢？好比鲨鱼嗅到了血腥味，更可怕的在后面呢！只要他交钱，我们就确定他已经沦陷了，攻势必将更加猛烈。当然了，第一笔钱我们不会要很多，"放低门槛"要一两千块，让他感觉到不是很难做到，只要第一步顺着我们的思路走，价码会一路飙升，我们还会用各种理由说明这一价位"合理"，并且让对方相信，花这个钱摆平事儿是值得的。

到了第二波，我们会说，后台已经盗取你的通信录，后台人员也需要收费才肯删除。说到这里，我甚至会夸小哥哥两句，说他"态度诚恳""处事果断""是个可以打交道的人"之类的，说后台一般价码很高，平时是按通信录号码数收费，因为和我关系好，才给了一个处理通信录的"优惠价"。明明是我们敲诈，瞬间因为"打折"，变成"买不了吃亏，买不了上当"的戏码。

我们还会派出二线业务员，同样是通过某种途径拿到了不雅视频和通信录数据，同样是威逼利诱，抛出原价和"优惠价"让他选。这些小哥傻得很，只要看到两个选项，就愿意从中选一个低的，从来没想过有第三个选项——不给钱。

接着，还有我们的"老板"（当然是由高段位同事扮演，怎么可能是真老板），美其名曰："每个客人，老板都会过来慰问一下。"我们会给他吃个"定心丸"——老板来彻底解决了！当然需要交"彻底解决费"。结果"慰问"完了，"客户"基本就负债了。

因为钱越要越多，小哥哥们心理压力会越来越大。因此，我们做了很多预案，比如他如果哭穷，我们说什么；如果要跳楼，我们说什么；如果要赖，我们说什么……

有的时候，遇到一些手头紧的，拿不出来那点儿钱，我们还会教他去正规平台贷款。贷款操作什么的，是我们每一个人必学的技巧，"帮"他贷款几十万元完全可以轻松搞定。

这时候，你可能会问，"老板"真的会"彻底解决"吗？

幼稚可爱的你真好骗，什么时候来我的直播间呢？说实在的，你如果觉得我们会信守承诺，那么无异于是在侮辱我们的职业素养。"彻底解决费"之后，我们必定还特别策划了"删除聊天费""号码回收费""保证费""加班费"等。更无厘头的是，有一次，我们还威胁过一个胆小的已婚男，说他刚看过的辣妹会闹到他家里去，请交个"安抚费"……

越到后面，越看重自由发挥。老板鼓励我们发挥一线员工的"主观能动性"，不断刷新业绩。总之，为了我们的业绩，我们会告诉你，不给钱，你一辈子就完了，没有我们做不到的，只有你想不到的。

对了，刚看到一则新闻说，某市警方成功摧毁了一个特大

裸聊敲诈团伙，团伙主犯说得最多的一句话是："我的提成还没收到就被你们抓了，太亏了。"很多网友在下面评论说此人丧心病狂，我只想说："只要今年的业绩提成发了，抓了我都行。"当然我工作在国外，在国内的话就不说这话了，哈哈。

◎ 骗术分析

根据警方数据，遭遇裸聊敲诈勒索的受害者：从职业上看，特征并不明显，从企业老板到职场白领，再到青年学生，都有可能中招；从途径上看，通过社交软件"摇一摇""附近的人"功能，"福利群"，以及交友软件等被敲诈的人较多；从性别上来看，以男性为主。

当然也有不少专门针对女性的裸聊敲诈勒索，不法分子通过各种非法手段让女性参与裸聊，拿下她们的不雅视频，进行敲诈勒索。这种情况下，不法分子的目的分为两种：一是与针对男性的裸聊敲诈勒索一样，非法占有其钱财；二是诱骗女性参与色情服务，后果不堪设想。所以，女性在日常交友过程中一定要自尊自爱，保护好自己。

还有一种裸聊敲诈勒索的变异手法，即不法分子在网上发布裸聊陪聊兼职广告，以金钱引诱受害者参与裸聊。结果，受害者非但没有得到承诺的回报，反而被不法分子以其不雅视频进行敲诈勒索，他们威胁受害者如果不按照要求去做，会将不雅视频放到各大社交网站上。受害者因为害怕而妥协，进而成为犯罪分子的工具。

◎ 防骗指南

　　如果不法分子利用不雅视频进行敲诈勒索，谨记一定不要转账，有两个原因：一是假如你按照要求给了钱，他们就会认定你对公布裸聊视频这件事非常恐惧，会继续对你进行无休止的敲诈；二是从某种意义上讲，你给钱的行为帮助了不法分子。如果所有遭遇裸聊敲诈勒索的受害者都不给钱，不法分子无法达到获取钱财的目的，那么这种行为自然而然地就消失了。

　　在这里，老陈给所有被偷录不雅视频、害怕被不法分子发布出去的受害者提供一个行之有效的方法，即在朋友圈中发布一条类似的消息：我的微信 /QQ 被盗了，有不法分子冒充我实施诈骗，用 PS 换脸技术合成了一些所谓的我的不雅视频，大家请注意，视频中的人物不是我本人，请谨防上当受骗。

　　现实当中出现这种情况，大家一定会选择相信你，而不是骗子。

　　即使不法分子发了视频也不用害怕，首先他们不敢大范围发送，因为这一行为涉嫌传播淫秽物品，骗子并不希望自己"罪加一等"。

　　当然，根本的解决之道是：洁身自好，不要裸聊！

老年骗局

——唯一后悔的事，就是把骗子当成亲人

2022 年 1 月 17 日，国家统计局公布的 2021 年人口数据显示，我国人口总数为 14.1 亿人，其中，60 岁及以上人口超过 2.67 亿，占全国人口的 18.9%。可见，我国人口结构老龄化日益严重，且这一趋势将只增不减，专家预判将在 2050 年达到顶峰。

由于老年群体日渐庞大，且经过数十年奋斗积累了一定财富，越来越多的诈骗分子将目标锁定在这一群体，并根据老年人的各种需求，开发了一系列诈骗手法：利用老年人对健康长寿的渴望，制造推销"治百病"的保健品、"防百病"的养生品、"保长命百岁"的医疗器械等骗局；利用老年人生活节俭、爱贪小便宜的心理，制造红包中奖、转发即得小红包、免费领取生活用品、低价旅游等骗局；利用老年人退休之后孤单寂寞的生活现状，对社会认同和感情关爱的强烈渴望，制造婚恋、交友、情色等骗局；利用老年人老有所依、老有所养的愿望，制造以房养老、养老服务、养老项目、养老产品、养老保险、养老帮扶等骗局；利用老年人相信政府、热爱祖国、富有爱心的特点，制造冒充公检法、爱心传递、任意转发未经证实的求

助等骗局；利用老年人期望惠及儿孙，至少能够自力更生、不给他们增加负担的心理，制造虚假投资理财、藏品拍卖、传销等骗局……手法五花八门，让人眼花缭乱。

针对老年群体的诈骗案件频发，其带来的社会危害极为严重，特别是投资理财、养老类诈骗，金额一般较为巨大，一旦发生，给老年人造成的身心损伤难以恢复，还给家庭造成一定的经济负担。

增强老年人的反诈意识，增强老年人的防骗能力，帮助老年人远离诈骗陷阱，守护老年人的养老钱，已经成为反诈工作的重点之一。

◎ 骗局自述

大家好，我叫阿鹏，行走江湖多年，诈骗老人无数，未曾想过有一天会马失前蹄，栽在警察手里，迎来十年监狱生涯。以前我的人生哲学是"人不为己，天诛地灭"，骗别人爹妈的钱养活自己的爹妈，天经地义。如今看到白发苍苍的爹妈在铁窗外哭红了双眼，要不是此时此刻戴着手铐，我真想抽自己个大耳光。

今天受老陈的邀请讲述自己"从业"多年的经历，如果能够警示那些还未被骗的老人，警醒那些正在被骗或已经被骗的老人，也算是给年迈的爹妈积点德。同时，我想劝劝我的同行：害人者终害己，多行不义必自毙！

我从入行开始，就一直与比自己父母年纪还大的老人打交道。刚开始工作的时候，听同事说我们这一行也叫"啃老族"，和那些终日无所事事、靠父母供养的年轻人相比，我们自认为强多了，好歹算是"自食其力"。

我们搞诈骗的想做好这一行，有两条铁律：一是弄清目标对象的需求，设计骗局；二是抓住目标对象的弱点，精准下手。

那么，老年人的需求包括什么呢？比如，由于年纪大、身体差，普遍忧虑身体健康和养老问题；由于退休后生活单调，很多老人缺少社会认同感和价值感，也希望融入丰富多彩的社会生活；由于缺少另一半和儿孙的陪伴，很多老人内心孤独寂寞，渴望亲情、友情和爱情；还有一些老人虽然上了年纪，但一心想为儿孙的生活减轻负担……这些需求点在我们看来都是生意！

老年人的弱点是什么呢？我们在工作中打交道的老年人一般在 60 岁以上，他们"生在旧社会，长在红旗下，走在春风里，跨过新世纪"，大多一辈子物质匮乏、生活节俭，因此容易受诱惑；同时经历了社会翻天覆地的剧变，相信一夜暴富的神话，但认知跟不上时代的发展，更跟不上我们骗术的翻新，一旦被洗脑成功选择相信我们，亲儿子、亲闺女都拉不回去。看到我们上门帮忙做家务，再开口叫声"干爸／干妈"，大爷、大妈就会心甘情愿地送上大把的钞票，他们怎么也不会想到，一辈子辛辛苦苦赚钱，舍不得吃舍不得穿，最后让我们这些骗子达到"人生巅峰"，过上"睡觉睡到自然醒，数钱数到手抽

"筋"的幸福生活。

骗局一：保健品推销骗局

我之前在北京做过"保健品推销"，业绩相当出色。事实证明，上当受骗和读了多少书、有多少文化没有必然联系，大城市的大爷大妈因为有钱，对物质之外的需求更加强烈，一旦"推销"成功，钞票会源源不断流入我们的口袋。

我们公司叫作××生物科技健康产业有限公司，办公地址位于南五环外一栋不起眼的写字楼里，虽然对外宣传的公司名称高端、大气、上档次，但是公司门口连块牌匾都没有。

我们的日常工作是寻找符合要求的老人。有时候我们会在社区、超市门口发发传单，邀请老人参加健康信息采集，并强调到场有鸡蛋、大米等免费赠送。老人根本不在乎什么健康信息采集，只要有免费礼品，绝对一拥而上；我们根本不在乎送出去什么小礼品，只要能拿到这些"客户"的一手资料，离成功就近了一大步。当然，活动丰富多彩，有时候是免费体检。老年人对免费体检几乎没有抵抗力，就像年轻人一听有免费游戏皮肤赠送必定凑过来一样。而且请绝对放心，只要到了现场，心、肺、肝、脾、胃、肾和盲肠至少有一个是有问题的，甚至没有一个器官是好的，总之都需要调理调理。我们后续还会想办法收集家庭成员的信息，这些信息出售价格也不低；即使没有后续，还被领了不少的"免费"礼品，我们也会稳赚不赔，更何况我们在意的不是这点儿小钱。

有时候我们会选择单独行动，"一对一"攻破。比如，我最近就在××小区附近晃悠，不夸张地说，几天下来，我对这里的业主的生活比物业工作人员还熟。

我注意到一位腿脚不好的老大爷经常出来和朋友下象棋，这天"正好"碰到他下完棋，买了一大堆瓜果蔬菜往家走，我赶紧上前帮忙拎东西，一路把他扶上楼。老大爷大为感动，说他儿子从来不会主动帮他拎东西，不停地夸我年纪轻轻就懂得尊敬老人，以后肯定有出息。他还邀请我去家里坐坐，我很愉快地答应了。

实际上，这些"基本功"在"入职培训"的时候老师反复强调过："他们一般喜欢尊老爱幼的年轻人，第一印象一定要打造这样的人设，他们以后才可能信任你，信任是一切工作的基础。老人对陌生人的戒备心很强，千万不要一上来就让他们知道你的目的，否则失败率100%。"

老师所言不虚，老人热情地把我请进屋里，拿出上好的普洱，开始和我絮叨他的身体状况和日常生活：老人叫王建国，得风湿病已经有十几年了，还患有高血压、冠心病；老伴前两年因为急病走了，儿子工作非常忙，很少来看他。我很熟练地嘘寒问暖一番，他绝对不知道，此时我的脑海里已经为他建立了一份病历档案，连以后推销的产品都规划好了。但是老师的叮嘱我可没忘——对我们的产品一个字没提，记下他的联系电话便离开了。

我用同样的方式一天可以拿到5～10个老人的信息，公司会从中筛选出最具潜质的"客户"，有几个重要标准：年龄一定要大，身体一定要差，判断力一定要弱，最好是独居的。接下来，我要做的就是和老人保持联络，关心他们的日常起居，让他们觉得我是真的关心他们，这样他们才能完全信任我。

几天过后，我才会表露出真实目的。我会给公司筛选出的老人打电话，邀请他们参加"公益健康讲座"。打电话的内容，也就是"话术"，是公司统一编辑好发送给我们的，大致如下："叔叔/阿姨（爷爷/奶奶）好，我是××生物科技健康产业公司的工作人员，为了感谢老人们为国家、社会做出的贡献，我们公司受中国老年福利协会委托，将于××××年××月××日××时，在××地点举办公益健康讲座。讲座后准备向老人们免费发放一批健康礼品，数量有限。我特意给您留了一个，请您准时到活动现场来领吧！"

这一步最为关键，参加活动的人数直接决定出售产品的多少。如果老人存有疑虑，我会向他们反复强调礼品是免费赠送的，且非常实用有效，数量有限，让他们觉得这是天上掉下来的馅饼，不捡就是吃亏了，大多数老人会准时来参加。我也通知了前几天认识的王建国老人，他直呼自己中了大奖，不住地感谢我有好事想着他。联系的10位老人中有9位答应要来，我非常开心：看来这个月业绩又要飙升了！

活动当天早晨天刚蒙蒙亮，我和同事就从集体宿舍出发去接各自负责的老人。公司很懂激励员工这一套，出发前，负责人在微信群里给所有人发了例行红包。

8点，我们公司的会议室里坐满了老人，很多人对于来这种场合已经轻车熟路，拉着平时去菜市场买菜的小车，准备满载而归。我同自己联系的老人一一打过招呼，给他们端茶倒水，还不忘询问他们的身体状况。

8点30分，老板肖总在我们的欢呼声中闪亮登场。此时他把自己包装成来自××市通过自我奋斗改变命运的成功人士，讲述了自己悲惨的童年遭遇、高考的超常发挥，以及大学毕业后奋发图强的创业经历。这套演说经过精心打磨，无论是适时穿插笑话的励志故事，还是对语气、语调、节奏的控制，都堪称"业界"典范，老人们听得津津有味，有时笑作一团，有时传来抽泣声，气氛别提多到位了。

这时，肖总进入"正题"，开始传授创业过程中总结出的健康养生知识，并顺势推介那些具有神奇功能、即将免费送给老人们的保健礼品。按照肖总神乎其神的说法，这些免费礼品一套五件，价格5000元，只有我们内部人员知道是怎么回事。别的不说，号称价格1000元的开光佛珠，我亲眼看过购物清单，是采购人员从潘家园5块一串批发来的。

为什么要把这些免费礼品说得这么值钱呢？当然是让老人们觉得后面即使花高价买了保健品，自己也是稳赚不赔的。果然，肖总介绍完这些具有美容、保健、抗癌乃至护佑功能的礼品之后，顺势介绍起我们公司的保健品——含有名贵药材成分、具有软化血管功能的××口服液，两盒一个疗程，售价3000元，也就是每盒1500元，我们每个内部员工都清楚，每盒批发价才20多元。当然像我们这样的"大公司"，会直接向保健食品代加工厂订制几十种保健品样式，每种样式订制几百盒。

重点来了，只有购买该产品才能免费领取上述礼品！此时，现场的老人三三两两交头接耳起来，除了少数几位离场外，剩下的数十位都举手表示愿意购买。最后，经过统计，这场讲座一共出售110盒口服液，总价16.5万元。我的"客户"王建国老人出手阔绰，一下买了6000元的产品，当时我看着他感觉比亲爹还亲，恨不得亲自把他护送回家。

回到家的王建国一定每天戴着那串 5 块钱的佛珠，逢人便说这是某位大和尚亲自开过光的，可以保佑全家平安……两个月后，他购买的两个疗程的口服液快要喝完时，我就会打电话邀请他来听另一场健康讲座，向他推荐"更有效"的产品。直到有一天他实在无力再购买保健品，也许才会明白过来：这只是一个精心布置的局，他喝的口服液只是一味安慰剂。之所以感觉有效，仅仅是因为心理作用而已。

而我则每天继续在某个小区晃悠，等待一个又一个"王建国"的出现。

骗局二："黄昏恋"骗局

"健康公益讲座"之后，我与购买了 6000 元保健品的王建国老人保持密切联络：逢年过节必发祝福类的短信，时常给他转发风湿病、高血压、冠心病等慢性病的日常养护文章，甚至还"自掏腰包"从购物直播中抢购了"风湿神药"（几十元钱可以买好几瓶）。我发誓对亲爹亲妈都没有这么上心过，而我的日常工作就是伺候好这些亲爹亲妈般的客户，谁会和钱过不去呢？

可是一向秒回我短信、电话的王建国老人最近却消失了——发信息不回，打电话不接。距离上次的"公益讲座"过去快两个月了，临近定期推销的时间节点，我决定亲自上门走一趟，不能让这张"长期饭票"这么不明不白地作废。

开门之后，眼前的王建国与两个月前判若两人，完全失去了以往的神采，瘦得颧骨都凸出了。老人见到我，激动得掉下了眼泪，随后和我讲起最近发生的事情。原来，这段时间王建国老人谈了两次"黄昏恋"，无一例外全是诈骗！

老伴两年前因急病离世后，王建国一直处于单身独居的状态，今年总算是从失去爱人的悲痛中走了出来，于是听了亲戚一句劝，在网上刊登征婚启事，期望找到一个知冷知热的人共度余生。

消息发布不久，便有一位张女士主动添加王老的微信。张女士今年54岁，家住广州，年轻时候做过空姐，20年前因与丈夫性格不合离婚，为了女儿没有再婚。如今女儿业已成家，自己也开始考虑重组家庭，以后有个老伴方便相互照顾，王老各方面的条件正好满足张女士的择偶要求。

之后，这位张女士时常找王老聊天，二人感情迅速升温，女方多次流露出欲与王老见面增进了解的想法。王老长期孤单寂寞，看到对方发来的照片完全不像50多岁的人，肤白貌美、风韵犹存，倒像是三四十岁的样子，聊天的过程中更是感觉三观一致，不禁动了真心。为了获得对方的好感，王老时不时给张女士发个红包，并且答应过一阵风湿病好些就去她的城市见面。

王老以为自己的人生在风雨之后终于要见到彩虹了，突然有一天，张女士哭着打来语音电话，说自己体检查出乳腺癌，医生建议马上化疗。这些年她一个人工作勉强维持家庭开销，并没有多少积蓄，为了筹备女儿的嫁妆还向亲戚借了一部分钱，一下子不知道去哪里找两万块的化疗费。

王老本就是个热心人，再加上心里认准了这个未来的"老伴"，二话不说通过微信给张女士转账 25000 元，叮嘱她赶快去治疗，不要耽误病情，剩下的钱买些滋补品多加调养。可是事后，王老发现他的微信已经被对方拉黑了……

讲完这出"黄昏恋网络篇"，王老涕泪纵横，我虽然心疼 2.5 万元被"同行"截和，但出于基本的"职业素养"，还是负责任地安慰了他——老人积蓄不少，半路杀出一个"同行"可能影响不大。可是王老擦干眼泪，又给我"补了一刀"，讲了一段"黄昏恋现实篇"。

差不多过了一个月，王老感觉状态见好，这天像往常一样 6 点起来拉着小车去菜市场买菜，迎面遇上一个主动上来打听租房的女人。

这位女士自称姓赵，看长相宽厚老实。细问之下，二人发现竟然同岁，越聊越感觉投缘，于是王老说起自己一个人住两居室，平时没人照顾的现状，赵阿姨一听马上自荐，说自己曾经做过保姆，家政经验丰富。见对方一脸真诚，对"网上交友"已经有阴影的王老不禁想：还是看得见、摸得着的靠谱！于是毫不怀疑地带赵阿姨回了家。

回到家，赵阿姨表现得非常勤快，马上开始干活了，打扫屋子、洗衣服样样得心应手，确实像做过保姆的样子。没承想简单收拾好住处后，赵阿姨开始哭诉：自己那不成器的老伴以前欠了村里人 5 万元之后就消失了，她刚收到债主的威胁短信，再不还钱就去找她母亲算账，母亲已经 90 岁高龄，万一有个三长两短她也不能活了！说话间，赵阿姨流着泪准备收拾东西"回老家"。

王老见状自告奋勇，说可以先借钱解决燃眉之急，以后再慢慢从她工资里扣，于是立即带着她去银行给"老乡"转账5万元。之后赵阿姨还体贴地陪王老去社区医院开了高血压常用药，回家后做好热乎乎的午饭，两人你侬我侬地吃了顿饭，让老先生有了久违的家的感觉。

随后，赵阿姨说自己有午饭后散步的习惯，让王老在家午休，她出去溜达一圈。王老忙活了一上午，此时困意袭来，毫不怀疑地去睡午觉了。可是直到晚上6点，他都没有等到赵阿姨回来，这才发现自己被骗了！

听完王建国颇显奇幻的"黄昏恋"经历，我对"同行"产生了深深的敬意——诈骗行业什么时候也这么"卷"了，真是"先骗一步，让同行无钱可骗"，自己要是个大妈还轮得到别人吗？

骗局三：藏品拍卖骗局

做了两年保健品推销，积累了一定的资金和经验，我和几位"志同道合"的同事看准收藏品鉴定行业，决定出来单干。于是合伙在郊区注册了一家拍卖公司，实际办公地点选择在核心商业区人流量大的一栋商务楼内。经过一番运作，拍卖公司顺利地取得了从事拍卖业务的行政许可，主要业务就是精准针对老年人开展"收藏品鉴定和拍卖"。

公司开业后，我们在微信上找人做了艺术品展览交易的小程序，还在一些 APP 上做了推广，同时招聘了两个业务员，要求每人每天必须打 80 ～ 100 通电话，添加 3 ～ 5 个老人的微信号。

由于长期跑推销需要上门维护"客户"关系，我不仅整理了一本老年人健康档案，而且对他们的家庭、生活、经济各方面情况了如指掌，每次上门观察到的有用细节我都认真地记录在案，这让我们公司的起步工作进展得相当顺利。

在梳理档案的过程中，我记起王建国的老伴生前就喜欢鼓捣艺术收藏品，每次去他家，收音机总是播放着《××鉴宝》节目，也不知道他有没有在听。出于职业习惯，我尤其注意到节目结束时主持人的一句话："各位藏友，本期的《××鉴宝》节目就是这些内容。家中藏品值多少，免费鉴定做参考。最后提醒您，节目不收取任何费用，当心骗子冒充身份，咱们明天不见不散……"

刚入行的时候，老师就教导过我，做这一行最重要的是善于抓住任何机会。于是，我马上让业务员小李给王建国打电话。

"您好，是王阿姨吗？"

"你好，我是你王阿姨的老伴，有什么事吗？"

"叔叔您好，我这里是《××鉴宝》节目组，可以为您免费鉴宝，之前王阿姨曾经咨询过我们，请问她在吗？"

"你王阿姨去世了……"

"叔叔，王阿姨生前说要来我们节目免费鉴宝的，您看您是不是可以帮王阿姨完成遗愿呢？"

"免费鉴宝吗？这事我得考虑一下。"

"叔叔，您可以从我们的官方小程序××了解一下，每年上千件藏品通过我们组织的拍卖会成交，您可以带着藏品来我们指定的机构免费鉴定。"

王建国没有抵抗住小李的忽悠大法，再加上"帮老伴完成遗愿"的心理作祟，第二天便来到我们位于繁华商业区的办公楼。当然我不会现身了，我们的员工老高倾情出演从"××艺术品鉴定中心"聘请的"高级鉴定师"，为王建国带来的祖传青釉双耳瓶拍照、鉴定。

这件瓷瓶说不准真的是王建国老伴的家传宝贝，但是这个我上哪儿了解去？我们的"指导思想"如下：每一件老人拿来的藏品都会被鉴定为价值连城的"珍品"，哪怕是一张粮票、邮票、从潘家园买来的假钱币，都会被估值几十万元甚至上百万元。

老高和他的"助理"（小李友情客串）表现相当优秀，不到半个小时就为王建国出具了一张《个人藏品甄别告知函》，上面有藏品名称、品相、类别、照片、收藏热度、估值、专家点评等内容。他把"甄别函"递给王建国，盯着双耳瓶的眼睛冒着喜悦的光，兴奋地说道："王老先生，您看您这件青釉双耳瓶，属宋代龙泉窑精品，造型精美，釉质厚而透明，堆塑和浮雕技法运用纯熟，同款双耳瓶在日本某博物馆可是国宝级藏品。您这件宝贝保存完好，保守估价也要400万元！如果放到拍卖会上，一定能卖个好价钱。"

王建国瞪大眼睛，表示不相信自己所听到的："这东西这么值钱，老伴生前怎么没有和我提过？"

这时，我们的市场工作人员上场了："大爷，收藏品这东西，市场决定它的价格。走一般的市场，比如说中国台湾、新加坡这些地方的拍卖会，可能会卖 200 多万元，如果走美国、加拿大等国际拍卖会，卖 300 万～500 万元都有可能。"

"那拍卖也是免费的吗？"王老爷子开始动心了。

"我们鉴定是免费的，但是拍卖还是要收取服务费的。不同的市场服务费的价格也不一样，中国台湾拍卖会 3.1 万元，新加坡 3.8 万元，美国、加拿大、迪拜等国际拍卖会服务费比较高，6.8 万元。我们虽然是《××鉴宝》节目指定的合作机构，但也不是慈善机构。这些服务费与您的宝贝价值相比是微乎其微的。"小李细声细语地向王建国介绍道。

王建国心里开始算一笔账：如果是交 3 万多元的服务费，卖 200 多万元，不如交 6.8 万元，就算以 300 多万元拍卖出去，也是净赚 300 多万元啊！想好之后，他说："那你们帮我走国际拍卖会吧，拍卖成交后把这服务费扣除出去。"

小李抿嘴一乐，说道："大爷，我们公司规定服务费是先期支付的。您想啊，我们这么多工作人员，只要动起来都是钱啊。您放心，我们拍卖都是签合同的，只要交了服务费，我们保证给您以合适的价格卖出去。"

小姑娘这么一说，王建国不好意思了："签合同我就放心了，《××鉴宝》这么大的节目也不可能骗人。那么，我的宝贝就放在这里了吗？"

"我们是正规公司，会保障您的利益，保护好您的宝贝的，合同中有相关约定，如果您的藏品丢失、被损坏、被盗抢等，我们是要照价赔偿的。"

接着，我们就和王老爷子签订了"拍卖合同"，在准备好的 POS 机上请老爷子刷卡支付了 6.8 万元的服务费。老爷子心满意足地坐上我们给他约的专车回家了。

你们肯定想知道接下来我们拿这些搜罗来的"宝贝"怎么办。其实，我们在办公室里专门搭建了一个用于拍卖的场景，下周我们会请一些老外来演一场"迪拜国际拍卖会"，并且把直播链接发给王建国，请他实时观看。

当然了，经过一番精心演出，他的瓶子必然没有卖出去。当我们把这一消息告诉王建国老人的时候，他很生气："怎么会出现流拍呢？你们白纸黑字写的这是宋代龙泉窑真品，实在不行我不拍了，你们把服务费退给我吧！"

这时候，小李依旧伶牙俐齿："大爷，只要拍卖服务发生了，服务费就没有退还一说。我们也想给您卖出去，可现实我们也控制不了。您的宝贝我们可以退回给您，不过按照合同约定，还需要缴纳 5000 元的违约金和 10000 元的安全运输费。"

"啊，还得交钱？你们这不是骗人吗！我要打 110！"

王建国说对了，我们就是骗人的，只要钱到手，我们有拍卖合同，有拍卖资质，什么都不怕。大不了搞点拖延战术，诈骗的"冤大头"多了，就"三十六计，走为上策"。

总有一天，"王建国"们上门来讨公道，会发现原本开在繁华市区的拍卖公司已经人去楼空。

骗局四："以房养老"骗局

2013 年，国务院提出开展老年人住房反向抵押养老保险试点，为老年人增加了一个养老选择，俗称"以房养老"。2014 年，原中国保险监督管理委员会发布《关于开展老年人住房反向抵押养老保险试点的指导意见》，在北京、上海、广州和武汉 4 个城市启动试点。2017 年，中国银行保险监督管理委员会制定发布《关于扩大老年人住房反向抵押养老保险开展范围的通知》，将反向抵押保险扩大到全国范围开展。

看到"以房养老"政策的出台，我马上预感到这一新政策会被我的"同行"利用，大骗特骗。我倒是想分一块蛋糕，可我还是有自知之明的。但是别人吃肉不影响我喝汤，抓住这个契机，我将自己多年以来掌握的老人档案卖了一笔高价，其中当然包括已经沦为"有房无钱"一族的王建国。

王建国接连数次被骗，前后损失加起来有 10 多万元，每日在家以泪洗面，结果冠心病犯了住进医院。这时，他儿子放下手头繁忙的工作，陪在病床边悉心照顾了半个月，老人的身体状况才稳定下来。

出院后，王建国心里充满愧疚：自己不仅不能帮衬儿孙一把，积攒多年的养老钱还被败光了，以后等到不能动的时候，更会成为他们的负担。虽然儿子陪自己的时间不多，但是他为了赚钱养家天天熬夜，年纪轻轻头发已经掉成"地中海"了。每想到此，王建国只能一声叹息。

这天，王老爷子接到一通由××资产管理有限公司打来的电话，宣传政府最新推出的"以房养老"项目，说感兴趣的话可以于第二天来公司参加大型宣讲活动。

各种陌生电话早已给王建国留下了心理阴影，但他一听是政府推出的项目，便半信半疑去网上搜索相关新闻，一查果真是政府发布和推出的最新政策！王建国心想：如果真的可以"以房养老"，那么能够给儿子减轻不少负担。

第二天一早，王建国便来到××资产管理有限公司活动地点。宣讲席后面的背景板上，"民政部""全国老龄委""中国老龄事业发展基金会"等字样硕大醒目，现场坐满兴致盎然的老人们，王建国还在人群里看到同一小区的熟人，彼此示意一番方才坐下准备听讲。

这时，宣讲员开始详细介绍这一政府推出的养老项目：老人把自己的房产在××公司抵押，会比在其他公司抵押获得更多的资金，再把这些资金交给××公司管理，公司按照年息4%～6%，每月固定向他们支付养老金。活动结束后，会场还有咨询员一对一回答问题。王建国把自己的房产信息详细告诉了咨询员，她说，按照市价，这套房了在××公司可以抵押300万元，计算下来老爷子每月将有12500元的养老金入账。

王建国和小区的几位老邻居在一起一合计，觉得每个月拿到一万多块可以把生前的小日子过得非常滋润，关键是解决了目前缺钱的问题。××公司工作人员一看几位老人有意，立即上来强调，公司还请了专门的投资担保公司，一旦达成协议，老人和××投资担保公司还会签订一份担保合同。就这样，王建国以及其他几位老人与××公司签订了"以房养老服务合同"，但他们不知道的是，不知什么时候，××公司诱骗他们签下了房屋抵押合同，该合同允许小贷公司将他们的房子变卖或拍卖。

王建国仅拿了几个月的养老金，之后就有贷款公司上门威胁，要他赶紧卖房还贷。为了逼迫他偿还本金和利息，贷款公司经常派人堵门、言语辱骂，在楼道里张贴所谓"催债通知"，通知上附了王建国大大的照片。他们甚至用 502 胶堵了王建国家的锁眼儿，把粪便丢在他的家门口……

这是怎么回事呢？原来，××资产管理有限公司和贷款公司利用国家政策的幌子，合伙设计了这个局。房产抵押所得贷款交给××公司后，每月给老人 6% 的养老金收益，给贷款公司 24% 的高息，根据合同，这些都由××公司承担。显而易见，××公司要的是老人将房子抵押后的款项，而贷款公司要的则是 24% 的高息和老人的房子。

"以房养老"确实是国家养老新政策，但是国内经过中国银保监会批准、实质性开展住房反向抵押养老保险业务的，目前只有幸福人寿保险公司一家，王建国并不知道这一点。在幸福人寿，老人是将房子直接抵押给了保险公司，而不是像××资产管理有限公司那样抵押给了各种各样的小贷公司，然后再将老人的抵押款进行所谓的投资。

门外传来无休止的谩骂，王建国此刻面无表情，回忆这一年中荒诞剧一般的被骗经历，他怀疑黑色幽默大师在当代投胎去做了诈骗。这一辈子，他勤勤恳恳工作，认认真真生活，没有什么遗憾，唯一后悔的事，就是把骗子当成了亲人……

入狱前的某一天，我收到了王建国大爷的一条短信：小伙子，当你收到大爷这条短信的时候，我已经去到了另外一个世界——一个美好的地方，那里没有烦恼，也没有骗子。大爷还记得第一次见到你时的样子，以后你一定会有出息的，记住：勤勤恳恳工作，认认真真生活！

在监狱里的日子，我时常回想起这条短信，永远难忘第一次见到王大爷时那张热情洋溢的笑脸……泪水模糊了我的双眼。

◎ 骗术分析

在过去的警察工作中，老陈经常与被骗的老人聊天，我会问一些参与虚假投资理财项目的老人："您这么大年纪了，挣那么多钱为了什么呢？"可能出乎大多数人的意料，他们中很多人答不上来，不知道赚钱为了什么。

老年人陷入种种骗局，看似是骗子狡猾，实则是其自身观念出了问题。

解决健康问题，就要去找医生，要锻炼，要注意衣食住行。

解决婚恋问题，年轻时候吃过的感情亏还少吗？无论什么年纪遇到感情问题，一要认清自己，二要顺其自然。

解决社会认同问题，可能这话听了一辈子：人生的价值并不是由拥有物质财富的多少来决定的，而在于对社会做出了多少贡献。

减轻儿孙负担问题，俗语说得好：儿孙自有儿孙福，莫为儿孙做牛马。

……

老陈想对每一位老年人说："过去的日子，我们奋斗过、拼搏过，为今天的生活打下了坚实的基础，为社会做出了自己的贡献；现在的日子，我们的全部任务就是开心养老，而不是自寻烦恼。"

经常有做子女的问我，为什么父母总拿他们赚的钱给骗子花？怎么才能防止父母被骗？其实，老陈也想对每一位老年人

的子女说："你们的陪伴是最重要的，你们应该经常了解爸爸妈妈乃至爷爷奶奶的生活、交友，让父母有问题第一时间可以找到你，而不是找到骗子。"

愿天下的老年人都能远离诈骗，安度晚年！

◎ **防骗指南**

防范与老年人相关的各类骗局，建议从以下几点着手：

1. 保护个人信息，不在陌生、不正规的机构、网站填写个人及家庭成员的资料，保护好自己的银行密码、身份证号、验证码等关键信息。

2. 警惕上门推销。很多老年人独自在家的时间较多，或者处于独居状态，日常应多与邻里相互照应，遇到可疑的陌生人员观望、敲门等情况，一定要警惕并核实身份，必要时可拨打 110 报警。对上门维修、送货、收费等的身份不能确定的人员，避免独自接待，尽量等子女或其他亲属回家或在场时再接待。

3. 警惕各种打着"免费"旗号的活动。不要参加免费讲座、免费 / 低价旅游、免费茶话会、免费参观公司等活动。遇到"天上掉下来的馅饼"，不要急于去捡，而是要及时退后一步，思考为什么天上会掉馅饼，背后的目的是什么。

4.对于陌生人的"亲近"，要有警惕之心。与老年人相关的骗局大多始于诈骗分子主动打招呼、套近乎的行为，很多老年人对其表现难辨真假，容易放松警惕，逐渐陷入对方的圈套。

5.不要轻易点击陌生短信、邮件、社交软件中的链接，不要随意扫描别人给的二维码，不要随便安装陌生软件等。

6.端正保健理念。健康的心态很重要，遇到身体疾病问题，要从正规渠道获取科学的保健常识，到正规的医疗机构就医，不轻信所谓的特效药、神药、进口药、保健药等。如果这些有用，还要医院干什么？

7.平时多加关注社会新闻、社区宣传，定期更新反诈骗知识，加强对诈骗的识别能力，提升遇到诈骗的处置能力。

8.子女在工作之余应多关心父母的生活，特别是交友、投资等行为，不要一味否定他们的生活方式和交友、理财需求。

9.建议子女给父母的手机安装"国家反诈中心"APP，它能有效识别和拦截诈骗电话、诈骗短信。同时可下载安装权威公司出品的手机管家，最新版大多推出了"亲情守护"功能。

"重金求子"骗局

——不想努力？来找阿姨

"重金求子"骗局是指诈骗分子通过贴广告、打电话、网络散播等方式发布"重金求子"虚假信息，待受害者信以为真后，通过冒充富婆、律师及其他相关工作人员等，让受害者缴纳各种费用以骗取钱财。

自21世纪初"重金求子"骗局兴起以来，警方不断加大对这一骗局的宣传和打击力度，公众的防范意识有所增强。

伴随着"互联网＋"时代的快速发展，"重金求子"进入2.0阶段，从2013年左右起，这一诈骗手法逐步实现了"规模化""团队化"，并形成了"产业链"。

原本出现在公交站牌、电线杆上的小广告，发展成为通过手机短信、微信、QQ、网站等途径发布，近两三年不法分子更是通过直播、短视频等更为形象、直观的方式营造骗局。诈骗剧本也由原来的老夫少妻、富婆重金求子，演变为富商交友、征婚、重金陪游，以及与其他诈骗形式相结合的冒充投资人的项目融资、工程投资、金融投资、扶贫资金、慈善捐款诈骗等。

◎ 骗局自述

大家好，我叫张美珍，因为和老公做"重金求子"，前几年双双入狱，可怜当年两个娃一个 7 岁，一个 7 个月，没办法只能交给爷爷奶奶抚养。监狱里的警察同志让我写一份年度服刑思想汇报，思想方面前几年已经汇报得差不多了，现在我给大家讲讲以前的作案过程，帮助大家提高警惕。

"重金求子"骗局 1.0

做这行之前，我是个普通农村妇女，做这行之后还是个普通农村妇女，和"白富美"一点关系都没有。如果你以前去过我们村的话，可能碰到过我，但肯定不记得我。我一米五左右的个头儿，生了两个娃之后身体发福，夏天穿一件粉红色的棉布衫，冬天穿一件粉红色的棉袄，不管是冬天还是夏天，下半身都是粉红色睡裤，这就是我的"职业装"。如果说我和"白富美"有什么关系的话，那就是染头发的事了。有一次看到小广告上的美女头发一缕绿一缕紫，我觉得怪好看的，就去镇上染了个同款，如果不是因为务农皮肤有点儿粗糙，我都觉得自己真成了小广告里的美女。

"上班"的时候，我会抱着我家二娃，只要把他哄睡了，就完全不影响我的发挥。这时候，连染发都不需要，只要三个道具，我就可以变身"白富美"——一个剧本、一部可以变声的魔音手机，还有就是转账用的银行卡。这些东西很便宜，旁边村里有人专门"招学徒"，并且提供道具。我当时只拨了一通电话，花了200元，一个骑着摩托的小帅哥就把"教材"送到了村口。当然，其他工具（身份证号、银行卡号、手机号、魔音手机等）需要另行付费。

我们夫妻俩认真地把"教材"翻了几天之后，我当起剧本里的富婆，老公负责当律师。有时候还有公证员、私人医生等人物角色，我们俩一般一人分饰N角，或由邻居李大婶"客串"一下，或邻居之间相互"帮衬"一下。

这个故事桥段现在大部分人可能已经很熟悉了，不过我还是汇报汇报。

有对家财万贯的老夫少妻，丈夫因为意外失去生育能力，妻子身材丰满、美艳动人，迫切想要后代继承家业，特寻异地健康男士，圆二人梦想。不但可以享受女人的快乐，妻子一旦怀孕，他还能获得重金酬谢。

这类凄美的故事再配上一张美女图，效果立现。美女图片网上一搜有的是，什么日韩女星、车展女模之类的，反正要选那种看起来既性感又纯情、男人大多逃不过的小模样。

据邻村的"前辈"说，以前的广告贴在大街小巷的电线杆子上，印刷是一笔不小的成本，而且帮我们贴广告的小弟去全国各地"出差"的费用也不低。到我们入行的时候，就是发到大家的QQ、微信里，以及各个社交网站上，不仅成本大大降低，而且再也不用东奔西走贴广告，暴露风险大大降低。

也许有人会问，这么简单且低级的骗人广告，怎么还会有人相信？我承认这种广告很简单，但是我可不认为它低级。正因为简单，所以自动过滤了大部分生活环境正常的人，大大降低了时间和人力成本。而剩下的人要么贪图美色，要么贪图金钱，要么二者都有。既然这些人意识不到这是诈骗广告，就很容易失去理性，上当受骗那不是分分钟的事？

也许有人会问，我们的"重金求子"广告被清理了怎么办？可能你们不知道，我们的小哥"出差"到一个城市后，从午夜11点到凌晨4点，可以张贴数千张甚至数万张广告，于是第二天清晨，整个城市到处都是我们的广告。也许相关单位或有责任心的人会去清理，但是能清理多少呢？又需要清理多久呢？何况小哥非常"专业"，只会将广告张贴在方便行人看见但不易清理的地方，更何况有很多贴广告的地方并不属于公共区域，比如一些巷道、私人住宅小区，以及其他管理不严格的地方。

很多人第一次看到"重金求子"的广告也许不会相信，但是当他第二次、第三次看到呢？当他第N次看到后，就很可能被广告内容所迷惑，愿意拿起手机试一试。也许有人接触过刷单诈骗，体会过在派单群每天看到他人"赚钱"，自己内心跃跃欲试的感觉，就能完全明白了。

为了达到这一效果，"出差"小哥到达一个城市后，一般每周张贴一次广告，持续一个月，如果一个月内连成本都收不回来，我们就会放弃这个城市。对于效果好的城市，我们张贴广告的时间会持续一年甚至更久，有些城市持续越久，效果越好。

也许你觉得"出差"小哥一周只工作一天比较轻松，当然不是了。一般一个小哥要负责好几个三线、四线、五线城市，每天不是在张贴广告的路上，就是在前往另外一个城市的路上。我们赚钱是需要付出很多努力的，也是很辛苦的。

也许有人会问，我们是否害怕被抓。难道你忘了给我送"教材"和"工具"的小帅哥了吗？银行卡不是用我的身份证办的，手机号码也不是，到手的钱也是"洗干净"了的。更何况有这些心思的人，小部分是年轻人，他们可能会去报警；而大部分是中老年人，被骗了也没脸去报案，甚至连自己的儿女、亲戚都不会告诉，所以我们不担心。

如果有人半信半疑拨通电话想找"富婆"，不要失望，不要害怕，找到的就是我这种普通的农村妇女。我声音也没那么好听，也许你只知道照片可以修改，其实通话的声音也是可以修改的。听说过"山寨魔音手机"吗？这手机188元，有一个"魔音"功能，可以任意选择正常声、女孩声、男孩声、妇女声、男子声等。

当有陌生来电时，我只会选择优美的"妇女声"，对方听到的声音要多甜美有多甜美，要多妖媚有多妖媚，让这些心怀不轨的男人一听骨头都酥了。

我会进一步展开攻势，同意主动上门，承诺见面即付50万元，成功怀孕再给100万元，为了显得规范且严谨，全过程由"委托律师"负责安排和接洽。"律师"能否诈骗成功，就得看我老公的了。但是只要有人主动联系"富婆"和"律师"，

我们的一只脚就迈入成功的大门了。

我老公会按照"相关法律程序"提出各种要求，一般都是先让对方出具正规医院的健康证明，接着收取"诚意金"，或通过"公证人员"取得"公证费"，如果对方二话不说转账的话，就补上第二刀、第三刀，比如"美少妇"上门途中遇到各种意外情况，在机场发现钱包被盗，需要借钱买票；到达酒店突发急病，需要医药费……反正趁着对方想入非非，能宰一刀是一刀，少则数千元，多则数万元，甚至数十万元，直到这头"猪"幡然醒悟。

"重金求子"骗局2.0

后来"猪"们学精了，不好骗了，我们行业的"导师"经过研究进行了手法创新。我们又花了几百块购买了新版"教材"。这回不再是"香港富商老夫少妻"了，而是"青春美好×阿姨"。

不知道你们是否在手机软件上看到过这样的广告："54岁，深圳本地人，深圳房产八套，自住楼房两栋，自有中型超市一家。希望找一个年轻、体力好的帅小伙儿，走过半生，所有都是你的，不想努力的小伙子可以联系我，点击关注。身体健壮者，可放宽条件！"

可以想象，遇到这样的"阿姨"，所有不想努力的小伙儿都在蠢蠢欲动。不过可能不像我们想的那么庸俗：人家不是因为喜欢钱，纯粹是喜欢年龄大的！

那么，这位"青春美好×阿姨"到底是谁呢？可能是我，也可能是邻居李大婶。根据"教材"的说法，我们会搞一批"××阿姨"的账号，头像是风韵犹存的半老徐娘，保养得当的脸散发着衣食无忧的气息，浅色系丝巾体现了低调贵妇应有的品味，发布几条略显低调的视频作品，作品中必须有豪宅，庭院深深、小桥流水、鸟语花香，以及被园林工修剪得整整齐齐的草坪灌木，当然还要体现我不俗的品味，闲暇的时候为豪宅添置的匠人手作家具……同时，我还会点赞一堆男女情感视频，展现"×阿姨"除了醉心事业之外，依旧渴望美好爱情。

大号展示的指导思想是"低调"，但是我会留下一些明显的"蛛丝马迹"，让那些有心人士发现我的小号，小号上的"×阿姨"没事拎个普拉达包包参加上流人士的宴会，动辄穿着高端定制礼服出席商务会议，处处显露"贵妇"本色。

当然，有心人士一定可以找到我留下的微信号/QQ号等联系方式。

帅小伙儿加了我的微信后，心里想的也许是：富婆，我来了！而我看到小伙们前赴后继，心里只有一个想法："猪"来了！

之后，我的"客服"会主动添加这位送上门来的"猪"。想打入富婆的圈子，首先当然要缴纳"会员费"，入群之后还会有"体检费"……讲到这里，是不是感觉情节有点儿熟悉了？2.0与1.0殊途同归，"老师"和我们讲过，诈骗的最高境界就是那句至理名言——条条大路通罗马。十年前的富商身体不好，无法生育，十年后可能已经英年早逝，身材丰满、美艳动人的"少妇"终于熬成"富婆"，且依然膝下无子，精神世界更加空虚，需要年轻帅气、体力好的伴侣相伴……

我作为服刑人员，想奉劝那些不想努力的年轻人，以及幻想过上更好生活的中老年人，如果哪天你真的遇到富婆，幻想通过投怀送抱来过上"吃软饭"的生活，不管富婆是张阿姨还是王阿姨，她们只会好心劝你：胃不好就去看看医生吧！网上那些"被富婆包养"的短视频，只是拍的段子，娱乐大家而已。

◎ **骗术分析**

为什么"重金求子"的骗术内容粗制滥造、手法拙劣，还是有很多人上当呢？

首先，原因在于受害者贪财好色的本性，贪图美色的同时还幻想不劳而获，骗子是不是最懂你？

其次，诈骗分子早年将主要诈骗对象放至农民、小镇青年等生活单一、极少关注社会时事热点的人群，这些人除了干活儿、上班就是回家休息，生活空虚，对社会理解度较低。

最后，不法分子利用了受害者的赌徒心理。诈骗分子不会一次性诈骗高额财物，而是分批进行、循序渐进，受害者不甘心已经发生的沉没成本，往往想要翻盘，结果在"下注"的过程中造成更严重的损失。

受害者发现被骗之后，一般羞于启齿，被诈骗的金额又在自己经济承受能力范围内，因此很少报警。报案的人越少，社会反馈越少，带来的社会影响就越小，形成了恶性循环。

◎ 防骗指南

防范"重金求子"骗局，建议注意以下两方面：

1. 天上不会掉馅饼。社会上不可能存在"重金求子""富商交友 / 征婚""重金陪游"等，切勿幻想通过不劳而获的方式得到金钱或爱情。

2. 日常请多关注社会时事，多读书，多见人，全面提升认知水平。

发布虚假爱心传递诈骗

——小心错付了你的爱心

什么是发布虚假爱心传递诈骗？不法分子将虚构的济困济贫、治病救人、寻人寻物等信息发布在社交平台（目前主要是微信群和微信朋友圈等），并留下联系方式、汇款账户等，利用公众的善意和爱心，引起他们的转发、扩散行为。一旦善良的网友根据预留的联系方式、汇款账户进行联络或转账，就落入了不法分子设计的圈套。

◎ 骗局回放

小周今年 26 岁，大学毕业已经两年，一直找不到满意的工作，前后试了几家公司，不是工资太低，就是负荷太重，所以至今赋闲在家，靠父母平时给一些零花钱维持生活。

这一天，小周注意到朋友圈里大学室友肖同学的动态。肖同学一毕业就结婚生子，不幸的是，孩子出生即被诊断患有青紫型先天性心脏病，情况比较严重，大夫建议尽早进行手术，否则会有生命危险。据估算，手术需要 8 万～10 万元的费用，对于刚工作不久、背负房贷的肖同学来说，这无疑是一笔巨款。

情急之下，肖同学在朋友圈和大学同班同学微信群里发布消息求助，同学们纷纷帮忙转发，不到两天的时间里，募集到爱心捐款 5 万元，生活拮据的小周出于室友情谊，同时碍于情面，勉强拿出 200 元钱，算是提供一点帮助。肖同学在朋友圈发布了感谢信息——大家的善举让初为人父的他感受到前所未有的温暖。

虽然小周为室友筹到手术款感到开心，但是看到这种"爱心爆棚"的热烈场面和募款效率，心里不禁动起了歪念。

小周在网上搜索了一条看起来比较感人的、家属身患乳腺癌亟须做手术的求助视频，经过一番剪辑和修改，把它发布到微信群和朋友圈中，声称视频中的患者是自己的小姨，目前是一位单亲妈妈，希望大家可以伸出援助之手，不要让小姨的女儿、自己的表妹失去唯一的至亲。煽情的话语之后，小周留下了自己的银行账号。当然，他的智商可不"欠费"，没有忘记

屏蔽亲戚。

正如小周所料，他的同学、朋友，乃至他们朋友圈中的人毫不吝啬地对这位"小姨"献出爱心，甚至有的朋友还私聊小周，希望他帮忙转达自己的祝福和祈祷：祝"小姨"可以早日康复，在女儿的成长中不缺席。经过这次"募款"，小周凭空赚了近两万块钱，心里别提多带劲了。

初次尝试就尝到了甜头，小周决定扩大"募捐"范围。为了最大限度地骗取网友的信任，他用另一个手机号码注册了微信，并且把头像和昵称换成一位知名歌手，这位歌手平时即以乐善好施为广大歌迷所喜爱。之后，小周以这位歌手的名义在微信群及其他社交平台发布各类求助视频和捐款账号。

正当小周赚得盆满钵满、收钱收得不亦乐乎的时候，东窗

事发。这位歌手在某社交平台看到他人转发的"爱心求助"信息，向派出所报了警，警方当即将小周逮捕。

做笔录的时候，小周流下了悔恨的泪水，自己年纪轻轻，毕业之后却一直想着不劳而获，还没有进入社会就进了监狱，最终贪小失大、得不偿失。

◎ 骗术分析

除了案例中发布虚假的因患有重症疾病而求助的诈骗，大家也许在微信群、QQ 群、抖音等看到过类似的寻人启事：求扩散，小青，女，5 岁，身高 100cm，于 ×××× 年 ×× 月 ×× 日 ×× 时 ×× 分在 ××× 走失；转发 N 个群，拨打电话 ××××××，领取红包 × 元。这类信息有一个共同特点，即真实情况无法核实，比如走失者家属是否报案，报案的派出所具体在哪儿等，或者事情真实与否，也是无法证实的。

这种无法核实或者证实的信息，很有可能是有心人士或诈骗分子伪造出来的。而转发这些信息的人，以中老年人、退休人士，及具有"名望"和"爱心"的人士居多。看到"爱心传递"的信息，人们大多不去质疑事件的真假，而转发者往往会被认为是具有善意和爱心的人，质疑或者拒不转发的人则会被道德绑架，扣上"冷血无情"的帽子。诈骗分子正是利用了人们这种盲目的爱心，虽然手法比较简单，但是上当受骗的人不计其数。

在这种类型的诈骗中，诈骗分子非法占有他人财物的方式有：

1. 诈骗分子在信息中留的联系电话为吸费电话，这种吸费电话一般有两种：第一种是打过去就扣钱，有可能打一次就扣几十块钱；第二种是打过去按时间长短扣钱，费用相当之高，有的吸费电话一分钟就要扣几十块钱。

2. 诈骗爱心人士的"爱心资助"，之后还可能以"认证费""资料费"等理由继续骗取其钱财。

3. 爱心人士拨打诈骗分子预留的联系电话后被套取个人信息，之后诈骗分子会将其拉入刷单诈骗群。详情请见本书"网络刷单诈骗"一篇。

4. 套取爱心人士的个人信息，自用或出售给第三方，用于"杀猪盘"或网络投资诈骗等。

这个世界从来不缺乏爱心，缺的是不失理性和真实有效的爱心。很多人看到自己社交圈内的爱心求助信息，都会认为自己动一动手指转发一下，就可以帮助有困难的人，殊不知未经核实的爱心传递可能会助纣为虐。

在这里，老陈呼吁，大家一定要对自己转发的信息负起责任，转发之前认真核实其是否真实、完整、有效，这也是生活在网络社会中，现代公民必须具备的基本素养和能力。如果大家都不去核实爱心信息的真假，这种带着"惰性"的爱心是有害的，不仅可能白白浪费了人们的时间、精力和金钱，还给了骗子可乘之机，为他们带来巨大的非法收益，甚至给相关慈善单位、慈善家造成巨大的困扰，对慈善事业带来不可估量的负面影响。

◎ 防骗指南

真实有效的爱心信息是什么样的呢？一般看到爱心信息后，需要思考并核实以下几个问题：

1. 相关事件何时发生？信息首发时间是什么时候，有效期限到什么时候？

2. 事件发生在什么地方？求助者在什么地方？

3. 求助者或者信息发布者是谁，其归属单位在哪里？

4. 信息提供的联系地址和联系电话是否真实，是否联系得上？其与求助者/联系人所在地是否相吻合？

5. 对于事件、需求的描述是否符合社会常识和人情事理？

6. 如果是以机构名义发布的求助信息，其所提供的收款账户与受捐主体是否相符？如果是个人发布的收款账户，核实难度较大，须特别谨慎。

7. 涉及物资捐助的，首先应考虑捐赠需求是否合理；其次应明确运费支付方、物流公司，以及收货地址、电话和联系人等。

如果通过各种途径仍然无法确定信息的真假，最稳妥的做法就是不转发！

其他常见诈骗

校园贷和"注销校园贷"诈骗

校园贷原本是指在校学生向金融机构或其他借贷平台借钱的行为，属于一种商业行为，与普通大众认知中的"国家助学贷款"有本质上的区别。

由于群体的特殊性，大学生相对于其他人群回收贷款时需要付出的人工成本低很多，坏账率也低很多。因此，相对于其他类型的贷款，校园贷的利率也会低很多。

随着校园贷业务的不断扩大，其已经被广大学生了解并接受，大量不良网贷平台采取降低贷款门槛、隐瞒高额利率等手段，打着"花明天的钱，圆今天的梦"的幌子，诱导学生过度消费而掉入高利贷陷阱，由此引发裸贷、强奸、暴力催收、自杀等一系列悲剧，造成了极大的社会问题。

2016 年以来，国家多个部委接连出台了十余项政策整治非法校园贷。2016 年 10 月 18 日，原银监会等六部委联合发布《关于进一步加强校园网贷整治工作的通知》，专门针对网络借贷信息中介机构开展校园网贷业务进行规范；2017 年 5 月 27 日，原银监会等三部委联合发布《关于进一步加强校园贷规范管理工作的通知》，进一步提出"一律暂停网贷机构开展在校大学生网贷业务，逐步消化存量业务""未经银行业监督管理部门批准设立的机构不得进入校园为大学生提供信贷服务"；2021 年 2 月 24 日，银保监会等五部委联合发布《关于进一步规范大学生互联网消费贷款监督管理工作的通知》。

然而，截至目前，仍然有很多网络贷款平台针对在校学生群体开展贷款业务，只是"挂羊头卖狗肉"，如采取消费分期、培训贷等形式，每年高校开学季依旧是校园贷诈骗的高发期。

另外，校园贷的衍生"注销校园贷"诈骗也发展得如火如荼。"注销校园贷"诈骗的方式是先获取学生的隐私信息再实施财产侵害：诈骗分子首先设法获取学生的网贷平台账号和贷款信息，针对有相关记录的学生，捏造所谓的"国家相关政策"，以影响个人征信恐吓学生，诱导学生配合；而对于没有相关记录的学生，则以其身份信息被盗用注册了网贷以及影响征信为由，诱骗学生注销账号。无论是前者还是后者，最后诈骗分子均会诱骗学生贷款后转账至所谓"安全账户 / 认证账户"接受审查或监管，从而实施诈骗。

◎ 骗局自述

骗局一：小心校园贷"贷走"你的青春

我叫白雪，是个刚毕业的大学生，两年前一次偶然的机会接触到校园贷，原本积极向上、认真求学的我，像是一个没学过轮滑的人踩在旱冰鞋上，从此生活失去控制，仿佛掉入无比黑暗的深渊，随时有粉身碎骨的危险。

大四刚开学，我看到室友换了最新款的 iPhone 手机，心里非常羡慕。我当时用着机龄五年的旧手机，马上就要毕业找工作，一台不卡顿的手机也算是刚需了。于是，我做了一个决定：换部新的苹果手机，迎来人生的新阶段。

我手上只有剩余的生活费 1000 多元钱，购买一部苹果手机最少也要 5000 元，但是我并不打算向父母开口要。这一天，我路过校园的布告栏，注意到一则校园贷的小广告，"无利息""无抵押""到账快"的字眼瞬间抓住了我的眼球，我当即拿出手机，拨打了这个号称"助学贷"平台的客服电话。

平台的放贷手续异常简单，我按照要求填写了个人资料，上传了身份证复印件，并且复印了包括父母、亲戚、老师和同学等在内的通信录，提交后很快通过了审核。两天后我就拿到平台发放的 4000 元贷款，欣喜若狂地在室友的陪同下购买了和她同款的 iPhone，完全没有想到这份喜悦的背后，是一个噩梦的开始。

新手机还没有焐热，我就接到了平台客服的电话，告诉我还款以 7 天为一个周期，而且利息高达 600 元，也就是 7 天后我必须还款 4600 元！爸妈一直是按月给我转生活费的，眼见着 7 天的还款期马上就要到了，我心急如焚，这时从客服那里了解到，如果额外支付 600 元可以延期还款。

在毫无办法的情况下，我只好从另一家校园贷平台借了 1000 元先救急。可是到了借款的第 14 天，我却面临两个贷款

平台的还款压力，只好又向第三家校园贷平台借款来弥补这两个缺口……就这样拆了东墙补西墙，不到半年的时间，我的借款像是滚雪球一般，从最初的4000元"滚"到了10万元！这里面除了各平台高达30%以上的年利率之外，还有"砍头息"、复利计息（俗称"利滚利"）、逾期费等各种费用，套路之多几乎到了丧心病狂的地步。

10万元的还款金额完全超出我这样一个普通在校大学生的承受范围，然而，更超出我承受能力的是借贷平台的暴力催收。

当我逾期半个月未还款的时候，平台客服就开始打电话和发短信给我的室友，后来她们实在受不了的时候只能关机，但是只要一开机就有电话和短信进来。这导致我再也无法面对室友的冷眼，甚至陷入严重、连续的失眠状态，于是暂时休学搬回家住。

我家虽然生活水平一般，但是父母日常克勤克俭，从没有和周围人开口借过钱。当他们遭到借贷平台使用"呼死你"进行的电话、短信轰炸时，整个身心陷入崩溃状态。直到有一天收到了寄来的律师函，同时接到平台的恐吓电话，声称再不还款将会给学校发通知，我爸做出一个艰难的决定——将刚给我买的房子卖掉用于还贷。

我的生活和学业因此一度恢复了平静，终于得以顺利毕业，这段经历带来的阴影埋伏在心底，没想到等待着我的还有因此而来的另一场风浪。

骗局二："注销校园贷"避免影响征信

大四这年，同学考研的考研，考公务员的考公务员，找工作的找工作，总之大部分开始了新的阶段，而我因为陷入校园贷的泥潭，只勉强完成了毕业论文，拿了个毕业证。

这天，一个电话打破了我来之不易的平静。"您好，是白雪女士吗？我是京东金融的客服人员。您是不是开通过京东白条的贷款账户？"听到"贷款"两个字的时候，我瞬间一惊，大四上半年的黑暗记忆如潮水般涌来。

当时我注册的贷款平台有十几家，但其中并没有京东白条，我迟疑地问："我是有京东账户，但是没有申请过白条业务，有什么事？"

"白女士，我们查询到您在××××年××月××日开通了我平台的贷款账户，根据国家最新政策，不允许借贷平台面向学生贷款，如果不及时办理销户，将会影响您的个人征信记录。如果您本人没有申请过，可能是他人冒用您的个人资料开通的。"

我正处在待业找工作的阶段，好不容易进入两个公司的面试，因为有之前的心理阴影，担心继续受到影响，一听有人冒用我的资料开通贷款账户，更是心惊肉跳，于是赶快问怎么注销。

"请您下载××共享软件，并打开屏幕共享。"我按照"客服"要求进行了操作。

共享屏幕后，"客服"要求我登录京东账户，结果我登录一看，果然显示为"账户异常"。这时，"客服"让我不要慌张，声称只要核实一下基本信息就可以注销，于是我马上提供了自己的身份证号、银行卡号等。

但是接着，"客服"告诉我说，因为我的银行卡绑定了其他贷款APP，因此无法注销，并且通过"京东客服"发来了相关的处置信息和她的客服证件照。于是我赶忙打开自己账户的"京东客服"的界面，看到"注销失败"的截图，"征信中心"关于我的信息界面截图，还有一张姓名为"马××"、部门为"注销部"、编号为"0085"的京东金融的"工作证"，甚至还有她本人的身份证照片。其中，"征信中心"的截图显示，我的贷款账户的待处理平台为微粒贷、支付宝借呗和360借条。

这时，"客服"介绍说，只有我把银行卡相关联的微粒贷、借呗和360借条的贷款额度转到"银监会"的"认证账户"上进行监管，才能完成注销。注销成功后，"银监会"将资金全额原路返回。

我注销心切，竟然没有产生任何质疑，先后将微粒贷贷款的20000元和借呗贷款的50000元提现后转到了对方发来的"认证账户"上。正当我准备从360借条中贷款并继续转账的时候，接到了"96110"的电话。打电话的人是反诈民警，他提醒我接到了诈骗电话，让我立即停止向陌生账号转账！

报警后，警察同志解开了我的疑惑。原来，骗子正是通过屏幕共享掌握了我的京东账号和密码，随后登录，将我的账户昵称改为"账户异常"，并不是真正意义上的账户异常。同时，他们进入"京东客服"的对话界面，用我的账号给我自己发送了所谓"处置信息"和"证件照"，我在慌乱之中失去了判断能力，以为真的是客服发来的，殊不知有一种诈骗是"自己骗自己"！最关键的是，根本没有"不注销校园贷会影响个人征信记录"的相关政策，作为新时代的大学生，必须及时了解国家的相关政策法规啊！

◎ 骗术分析

大学生群体相对年龄较小，涉世未深，对社会认知不足；部分大学生经济管控能力较弱，较易受到他人的影响，喜欢与同学进行物质条件方面的攀比，形成了不良的消费习惯；同时，大学生对社会的阴暗面了解不足，对国家政策法规不了解或者一知半解，遇事不敢或不愿与家长、老师沟通，也害怕去派出所报案……不良校园贷正是针对大学生的以上弱点，伸出了罪恶的黑手。

不良校园贷通过虚假宣传的方式，同时降低贷款门槛，事实上都是"高利贷"，往往采取"利滚利"的方式，或巧立名目收取"服务费""担保费""逾期费"等各种费用，一旦学生还款困难导致逾期，就会触发暴力催收程序。有关调查显示，暴力催收往往包括发统一格式的逾期短信、单独发短信、单独打电话、联系贷款者室友、联系贷款者父母、再次警告本人、发送律师函、给学校发通知、在学校公共场所贴大字报、群发短信等，甚至有的不良校园贷采取"裸贷"模式担保，通过制造舆论和身心压力等"不能承受之重"，逼迫学生最大限度地还款，这也就是为什么有那么多学生因为校园贷被强奸乃至自杀。很多大学生毕业后花费数年才还清贷款，人生最重要的青春年华都浪费在了还债上，根本没有时间去做有意义的事情，整个人生轨迹因此发生了改变，这不能不说是另一种意义上的惨剧。更有甚者，有的人刚走出校园贷的阴影，又陷入"注销校园贷"的泥淖，因此失去站起来的勇气。

  "注销校园贷"这一名词是诈骗分子杜撰出来的，国家政府部门根本没有这一说法。不法分子就是通过制造恐慌，让受害者顺着他们的思路完成下载 APP、点击链接、提供密码和验证码等操作，进而暗地里转走受害者的财产。

  谨记一点：但凡涉及"注销校园贷"，皆为诈骗！

  另外，提醒广大学生，无论是现在还是未来，在网上搜索关键词，后面可以添加"诈骗"二字，除了给我们的决定提供一定评估风险的参考意见外，也许还可以让我们让少踩很多"巨坑"。

◎ 防骗指南

　　防范校园贷和"注销校园贷"诈骗，建议从以下几点着手：

　　1. 大学生应树立正确的价值观和消费观，正确认知自己的消费能力。不要有超前消费、过度消费的不良习惯，不盲从、不攀比、不炫耀。

　　2. 增强对个人信息的保护意识。不随意透露身份证号、银行卡号、家庭住址、宿舍住址、个人通信录（尤其是父母、室友等的联系方式）等重要信息，以避免他人冒用、借用身份从事借贷行为。

　　3. 在校时如果确实需要贷款的，一定要和辅导员、父母、亲友等沟通，认真评估自己的还款能力，并且通过正规银行等金融机构寻求正当的借款渠道。贷款前应仔细阅读合同相关内容，明确贷款的额度、利率、还款方式、违约责任等重要信息。

　　4. 国家相关部门并没有推出所谓"注销校园贷"操作，更不可能将其与个人征信相联结。个人征信是无法人为修改的，只要贷款后按时还清，基本不会影响到个人征信。如果个人对征信存有疑义，一定要通过正规金融渠道进行咨询。

　　5. 谨慎使用屏幕共享功能，一旦开启屏幕共享，你的信息将完全暴露给对方。

6.大学生应积极学习金融知识，尤其要了解金融服务相关的法律法规，以及国家在大学生贷款方面的政策，提升对各种形式贷款陷阱的辨别能力，增强风险防范意识。

7.中华人民共和国教育部"中国学生资助"微信公众号已经开通了不良校园贷举报通道，遇到类似的面向学生的贷款业务，请注意甄别并积极举报。

最重要的一点——尽量别贷！做到这一点，就彻底远离校园贷骗局了。

代办信用卡诈骗

——切忌将自己的"信用"交与他人

代办信用卡诈骗一般是指不法分子通过网站、短信等方式发布代办信用卡的广告，引诱迫切需要资金周转又较难通过银行申请贷款的人上钩，或通过直接购买个人信息，有针对性地拨打电话，后冒充银行、金融公司工作人员谎称可以代办各种额度的信用卡，或激活花呗、京东白条等，以需要工本费、保证金、手续费、激活费、刷流水等为理由，诱骗受害者转账汇款，从而实施诈骗。

◎ 骗局自述

1. 发布代办广告，套取个人信息

我叫李想，是一名个体从业者，最近手头特别紧，房贷都快交不起了。这一天我正在上网，一个广告弹窗跳入视线："'特别靠谱'投资担保有限公司，快速办理高额信用卡，解您燃眉之急！如有需求，请拨打官方咨询热线×××××××××。"

一分钱难倒英雄汉，我犹豫了一下，还是拨通了"官方热线"。电话中的女子操一口流利的普通话："您好！这里是'特

别靠谱'投资担保有限公司，请问有什么可以帮助您？"

"可以办理信用卡吗？"

"我公司和全国各大银行有长期稳定的合作关系，建行、工行、农行、交行、招行、中信、兴业等信用卡均可代办，只要您提供相关个人资料，其他手续均由我公司出具。"

够全的啊！我的兴趣一下子上来了："可以办理多少额度的呢？"

"先生，我们各种额度的都可以办理，您可根据个人需求进行选择：金卡 10 万元以内，铂金卡 10 万—20 万元，钻石卡 20 万—50 万元。同时，一张身份证还可以办理多张信用卡。

先生，您想要办理哪家银行的？需要多少额度的？"

我瞬间心动了：办一张 20 万元的信用卡，意味着房贷和生意资金周转暂时都不用发愁了。"招行的铂金卡吧，我有招行的借记卡，方便还贷。你们代办怎么收费呢？"

"客服"小姐姐的声音此时更加温柔了，反复强调前期不会收取任何费用，并且主动要求添加微信，方便后续业务联络，我有任何需求也可以随时找到她。接着，她将"信用卡申请表"发了过来，表格包括姓名、身份证号、家庭住址、申请银行、申请额度、收卡地址、联系电话和邮政编码等，还需要附上身份证正反面照片。

"客服"接收申请资料后，承诺三个工作日内即可审核完毕，同时提醒我注意接听招商银行工作人员的电话。结果第二天，自称招商银行信用卡部的"客服经理"就打来了电话："您申办的我行 20 万元额度的铂金信用卡已经通过审核。请联系您的代办点，缴纳工本费后，我们就会给您邮寄信用卡。感谢您选择招商银行，祝您生活愉快！"

2. 收取工本费，邮寄"信用卡"

挂了电话，我确实感到非常愉快：这么顺利就通过了，果然是"特别靠谱"！于是，我赶快和"客服"小姐姐联系，她告诉我，代办铂金卡的工本费是 300 元。

虽然理想很"丰满"，但是现实中的李想已经很"骨感"，家中已无余粮，300 元办一张 20 万元的信用卡，还有什么要考虑的，办吧！

将 300 元工本费转过去的 5 天后，我真的收到了邮寄来的"信用卡"挂号信，和以前办的所有信用卡一样，卡片粘在银行信用卡的说明书上。"客服"小姐姐周到地叮嘱我一定要去附近的 ATM 上检查额度。插入卡片之后，ATM 屏幕上赫然显示余额有 20 万元，我把"2"后面的几个"0"数了好几遍——真是太靠谱了！

3. 以各种理由索要费用，骗取钱财

我本想先取 10000 元钱出来把这个月的房贷还了，可是发

现根本取不出来。于是我赶快咨询"客服"。小姐姐介绍说："李先生，您的信用卡还没有激活。按照我公司规定，我们要收取申请额度的 3% 作为代办手续费，才能为您激活卡片，之后您就可以正常取款了。"

我一听吃了一惊，20 万元的 3%，那不就是 6000 元钱？！此时此刻，这 6000 元钱对我来说也算一笔不小的费用了，但是如果有这笔钱作为资金周转，也算是能让我渡过难关了。犹豫半晌，我说："好吧，马上转账给你！"

"客服"小姐姐一听乐开了花，当即答应 24 小时之内为我办理激活业务。

可是，当我连续两天去 ATM 尝试取款均未成功之后，再拨打"客服"的微信语音，发现她已经把我拉黑了！再去拨打"官方热线"，电话中传来空荡荡的声音："您所拨打的号码是空号……"

◎ 骗术分析

在这类诈骗中，不法分子通过网络广告、社交平台、微信 /QQ 群、评论等散布虚假代办信息，吸引有需求的潜在用户的注意。之后以与银行等金融机构有关系骗取受害者的信任，再以工本费、保证金、手续费、激活费、刷流水等理由不断要求受害者转账。以上案例中，诈骗分子仅仅骗了工本费和激活费就主动收手，李想甚至得庆幸一点——诈骗分子没有骗到他自己幡然醒悟为止，现实中可能就没有这么"理想"了。

大家一定对案例中李想收到的"信用卡"最感兴趣，为什么受害者真的可以查询到余额呢？

一种情况是，犯罪分子会办理具有不同额度的真实信用卡，但会通过不予激活或先行注销等手段，达到"能查到额度但无法取现"的效果。

另一种情况是，犯罪分子还会批量模仿各大银行的真卡印制卡片坯，在接到"客户"订单后，使用凸字机和烫金机，将卡片号码及"客户"姓名打印在卡片上。这样，一张看起来很真的假卡就出炉了。受害者可以看到已经办理好的"信用卡"，诈骗分子会声称可发照片，还可视频通话；至于受害者看到的已经被授信的额度，无非是随手打印的一张纸而已。这种情况下，诈骗分子谎称信用卡已办理成功，需要先收取"代办费"。

虽然听起来很荒谬，但是如果具备一定的辨识能力，就会发现真信用卡和假信用卡在卡片材质、印刷质量、压印工艺等方面均具有较为明显的区别。当然，这并不是重点，重点应该是：你怎么会把信用卡的办理权交到别人手上呢？这是对自己极不负责任的行为。

还有一种情况性质特别恶劣，"代办"过程中，不法分子收取高额佣金的同时，要求受害者提供身份证号、家庭住址、联系方式、工作单位等个人重要信息。不法分子利用受害者资料去银行申请办理信用卡，拿到受害者的信用卡后，对信用卡进行恶意透支，甚至使用其资料办理银行借记卡、贷款等。部分不法分子还会私自留存受害者的申请资料，出售给第三方，用于其他的违法犯罪活动。这些都会留下不良信用记录乃至犯罪记录，对受害者的贷款、出行、就业、家庭等造成负面影响，危害性极大。

除以上手法外，很多代办信用卡诈骗会与其他诈骗手法相结合，这里就不一一表述了。

◎ **防骗指南**

防范代办信用卡诈骗，建议从以下三点着手：

1. 切勿轻信来历不明的电话、短信、邮件和网上的广告信息，务必通过正规渠道了解金融信息，办理金融业务。目前正规办理信用卡的渠道有银行网点柜台、银行官网、银行官方微信公众号和小程序等。

2. 了解和学习办理信用卡的相关知识。信用卡一般分为普通卡、金卡、白金卡等级别，白金卡额度一般在5万元以上，但通常对年收入有一定要求。实际生活中，几十万元额度的信用卡非常少见。申请信用卡无须抵押或担保，因此对申请者的信用要求较高，银行在审核时均有明确要求，对可能存在的风险会进行严格把控。如果自身资质不过关或者有过不良信用记录，不论通过什么途径都很难办理信用卡，不存在所谓的"无论白户黑户，只需要一张身份证复印件就能办卡"的情况，也不存在通过疏通关系、走绿色通道申办的情况。任何银行对信用卡申请的处理都是免费的，不存在所谓"工本费""手续费""激活费"等收费项目。

3. 平时注意保管好个人证件，保护好个人信息，切勿泄露给不明中介。注意相关授权权限，及时关注卡片动态。一旦发现卡片存在盗刷等情况，应立即联系银行对卡片进行挂失等处理，并及时向公安机关报案。

"杀鱼盘"诈骗

——你是不是骗子眼里的那条"鱼"？

"杀鱼盘"诈骗是一种不以特定人群为目标的电信诈骗类型。诈骗分子即"钓鱼手"，通过各大网络平台广泛发布虚假广告，并留下自己的联系方式，等待有需要的"鱼儿"主动上钩。"鱼儿"一旦动心，"钓鱼手"就开始试探，之后诱骗"鱼儿"通过其发送的链接转账付款，完成"杀鱼"。

和讲究"放长线"的"杀猪盘"诈骗不同，"杀鱼盘"诈骗的特点是广撒网、短平快、手法多，针对的主要对象是未成年人。这一人群年龄小、社会经验少、分辨能力差，容易上当受骗，而且被骗之后很多不敢告诉家长，也不会主动报案，犯罪成本较低。

◎ 骗局自述

我是传说中的"钓鱼手"，此"钓鱼"非彼钓鱼，此"鱼"也非彼鱼。每到寒暑假，就是我们工作最忙碌的时候，无数张"大网"撒出去，那些活蹦乱跳的"小鱼儿"傻不棱登就循着诱饵乖乖钻进来，我们根本不用费什么脑子，转眼就可以"收网"了。

1. 广布诱饵

要说现在的小孩子追星可真疯狂，还一个个喜欢装矜持，自称"理智粉"，等我把他们"爱豆"的"内部消息"往网上一发，看他们还理智不理智！

果然，我刚用小号把××明星的"社交账号"发布到贴吧里（我的每一个小号都是和某个明星"一对一"关联的），很快就有一个昵称为"Jennie"的通过微信添加我为好友。

Jennie一上来就和我讲个不停：自从开始喜欢××，××就是她唯一的"特别关注"、唯一会"微博置顶"的内容、"经常访问"永远的第一位；她所有账号的头像都是他，×× 是她所有努力的动力和前进的方向……讲到这里，她发来一个痛哭流涕的表情，为了"安慰"这位天真可爱的小妹妹，我也话不多说，赶紧把她拉进 ×× 的"内部粉丝群"。

其实，像她这样的"脑残粉"，我一天不费吹灰之力就能网罗几十个。同事只要把"爱豆"的最新消息往群里一发，简单地带下节奏，这些粉丝小朋友就会毫无顾忌地热聊起来，根本不用费力经营。

2. "引鱼"上钩

正如他们所期盼的，没过几天，"爱豆"终于现身"内部粉丝群"，并且神秘兮兮地告诉大家一个自己的秘密：他即将

接一个广告，为了感谢大家对他的厚爱，准备将广告收入拿出来回馈给"内部群"的粉丝们。群内的小朋友们，顿时炸了锅：不愧是自己粉的"爱豆"，取之于粉，还之于粉，我们真的是他嫡亲的粉丝！

之后，"爱豆"会把自己的"助理"拉进群，请"助理"为大家讲解回馈规则：因为是"内部群"，群内的粉丝只需支付 9.99 元，后期就会获得爱豆的签名照和水杯！并且在广告费到位之后，每个人还可以获得 10 倍现金返利。群内又掀起一阵轰动，我看到 Jennie 小妹妹一马当先，率先扫码支付了 9.99元，其他小朋友随后也一拥而上。

3. "杀鱼"变现

Jennie 小妹妹一定是怀着惊喜的心情等待"爱豆"的内部粉丝专属礼物，她怎么也不会想到，等来的将是一场毫无预料的惊吓。

我的"客服"同事很快就联系了 Jennie，声称她是未成年人，导致他们的平台被罚款 5 万元。之后更"可怕"的是，小Jennie 收到了我的"警察"同事的视频：如果她不能返还平台的罚款，由于她使用了妈妈的手机，将会连累妈妈去坐牢。

我敢打赌，她看到视频的时候已经崩溃得大哭，根本不知道发生了什么事情。这根本不影响她把自己幻想成韩剧女主角，在追求爱豆的路上遭遇了邪恶势力，多么弱小、无助又可怜，但最终一定会和自己爱的人相见……

可惜现实与剧情差得远了。Jennie 按照我"警察"同事的指挥，偷偷操作妈妈的手机修改了购物 APP 账户密码，下载了远程操控软件，我的同事通过远程操控，用 Jennie 的账户在购物 APP 上购买了 6 部手机。

我们会在网上招募一个人帮忙收手机快递并且出售，他只要按照价格的 80% 把钱转给我们，剩下的钱就归他所有。希望得到这样一份工作的人怕是会挤破头，和那些主动钻进"渔网"的"小鱼儿"一样积极，当然我们的快递可是源源不断的哦！

◎ **骗术分析**

在"杀鱼盘"诈骗中，诈骗分子主要针对涉世未深的青少年展开犯罪，在网络游戏、娱乐追星等相关社群平台散布虚假广告，包括"免费赠送游戏皮肤 / 装备 / 游戏币 / 账号""短视频红包返利 / 抽奖活动""破解防沉迷限制""明星免费送福利"等。

实际上，"杀鱼盘"并没有特定人群和特定手法，还会以"代预约疫苗""强开蚂蚁借呗""提高花呗额度""办理高额信用卡"等为幌子诱骗有相关需求但缺乏常识和基础防骗知识的对象，手法也常以"组合拳"的方式出现，比如上述案例即运用了"投资返利 + 冒充公检法"的组合方式。

这种"钓鱼"式诈骗最早可以追溯到网络游戏使用实体充值卡的年代。在以游戏介绍为主的相关网站经常可以看到类似留言："我发现游戏充值漏洞，充值可得双倍。具体操作……需要在充值账号处输入漏洞代码……"其实，这里所谓的"漏洞代码"是骗子的相应游戏账号。虽然这种诈骗手法看似简单，但是上当受骗者从未成年人到已过而立之年的中青年，不在少数。被骗取金额一般较小，大多在 10 ～ 600 元，极少超过 1000 元。而且大多在官方平台进行充值，整个充值操作过程唯一的错误行为是输入了骗子的充值账号，因此立案比较难。

这一诈骗形式后来慢慢发展成为诈骗分子直接在各类网站、贴吧、论坛、评论区、留言板、社交平台或游戏中发布"发现游戏充值漏洞"等消息，声称花几十元即可得到 3 ～ 10 倍充值额。此时，越来越多的骗子将受害者引导到假冒的充值网站向指定账号充值，这些假冒的网站会出现更多迷惑受害者的提示，而这些网站的主要作用是自动记录受害者输入的充值卡号和密码，骗子再根据需要，短时间内使用这些卡号和密码。引诱受害者进入假冒网站，记录受害者信息的手法，被诈骗分子一直沿用至今。

现在，"发现漏洞"的话术最常见于"杀猪盘"的赌博诈骗中。诈骗分子让受害者上当受骗的最大理由就是"发现赌博平台的后台漏洞"。"钓鱼"式诈骗话术中的"发现充值漏洞，漏洞代码为 ×××"，目的只是让受骗者充值到骗子账号；而"杀猪盘"的赌博诈骗中，说出"赌博平台的后台漏洞"是为了让受害者体会到"利用漏洞赚钱"的快感，引起受害者赚钱的欲望，以实现持续的诈骗。

"杀鱼盘"和"杀猪盘"的手法都是发布虚假广告／信息／文章。"杀鱼盘"大多是"遍地撒网"，被动地等待受害者自动上钩；而在"杀猪盘"诈骗中，"让受骗者主动上当"被运用到极致，即诈骗分子会在潜在目标对象较为集中的社交平台发布信息，使目标对象产生主动与之联系的冲动，操作过程中更是让受害者体会到"原来赚钱只需要发现漏洞／机会"，使其欲罢不能。

仔细分析相关案例就可以知道，识别"杀鱼盘"诈骗并不难，只需要面对各种诱惑时多想一想：为什么好运会被自己得到？遇到这些"好事"时，多与他人沟通，多问一问真假。

最后必须强调一点，对于真实的漏洞，发现者一般不会告诉他人，因为利用这些漏洞等于违法犯罪。

◎ **防骗指南**

防范"杀鱼盘"诈骗，建议从以下几点着手：

1. 家长和老师要经常对孩子上网课使用的电脑、手机等电子产品进行检查，建议仅保留学习要用到的必要软件，其他无关的游戏、娱乐、社交、支付类软件全部卸载，平时多关注孩子的微信账号、支付宝账号余额。

2. 家长要保管好自己的手机、平板电脑等电子产品，以及身份证、银行卡等卡证，不要把支付密码等信息告诉孩子，不要将任何 APP 设置为免密支付。在日常学习和生活中，家长应多关心和陪伴孩子，一旦发现孩子被骗，应保留证据并立即报警。

3. 加强青少年反诈骗教育：对来历不明的短信、电话、链接一律不看、不接、不点；不要贪图小便宜，轻信免费赠送装备 / 游戏币、红包返利等信息；坚决拒绝任何理由的转账汇款要求。

4. 蚂蚁借呗没有任何人为手段能强制开通，所有告诉你能够通过交手续费等方式，帮助强开借呗或给蚂蚁借呗提升额度的都是诈骗，没有例外。

5. 如有交易需求，一定要通过正规平台进行，并且在交易过程中使用平台的交流系统进行沟通。任何非官方或非授权代理的所谓服务商、交易方等，或者绕开平台由陌生人提供的支付链接、二维码等，千万不要轻易点击或扫描。

"暗雷"诈骗

——充值一元，可能损失上千元

"暗雷"诈骗是指不法分子以色情视频、促销购物、兼职刷单、"实用"小软件等为诱饵，诱骗受害者下载虚假或含有木马病毒的 APP，通过超限采集、虚假链接、虚假平台等手段骗取财物。

根据警方对已发案例的分析，专业的"暗雷"诈骗中，诈骗分子获得赃款后并不急于提现，而是通过特殊渠道进行洗钱，比如在特定平台的直播间内打赏主播。而这种"埋暗雷"的诈骗犯罪集团，通常都是一个集开发"暗雷"软件、提供洗钱通道和提款变现于一体的违法犯罪团伙。

还有业余性的"暗雷"诈骗，通常由几人合作编写简单的"暗雷"小软件，收款账号多使用他人账号，最后通过网购等方式洗钱。

◎ 骗局自述

作为一个"北漂"十年的大龄剩男，平时除了工作只剩下寂寞，"唯二"的爱好就是玩玩游戏、看看美女。万万没想到的是，因为这两项自以为"人畜无害"的爱好，我竟然连踩

"暗雷"，要不是警察大哥说博彩不好，我一定得去买张彩票。

暗雷1：虚假链接雷

某个周末的深夜，我躺在床上刷短视频，无意间发现自己被拉进一个微信群聊当中。正当我准备退出的时候，群里有人发了一连串的小视频。视频中的美女个个搔首弄姿、诱惑撩人，看得我这个单身青年顿时血脉贲张。

上传视频的人也够缺德的，小视频没少发，可是每段视频一到"关键"的地方就没有下文了。这就好比端上一盘色香味俱全的美食，只让你看一看、闻一闻，然后一转身端下去了，是不是有掀桌子的冲动？

正在我骂娘之际，上传视频的人终于发话了："各位壮士，想看后面的内容吗？下载我们的APP即可继续观看。"跟在小箭头后面的是一个网站链接。

这还有什么可犹豫的，我速速点击链接下载APP。进入主界面之后，我瞬间被各色香艳绝伦的美女包围了，此时，系统传来消息：新人注册会员，首月仅需1元，海量平台资源免费观看。

"一块钱买不了吃亏，买不了上当！"脑海中回想起逛街时摊铺的大喇叭宣传语，我立即点击了"付款"。可是，就在我准备全身心观看视频的时候，一条手机短信提醒彻底浇灭了我的欲火：您尾号为××××的银行卡于××××年××月××日××时××分××秒支出人民币1000.00元，余

额××元······

虽然发现大事不妙，但是一想到是因为下载色情软件才踩到坑里，去派出所怎么好意思和民警张口呢？谁让自己色迷心窍呢？这次就吃个哑巴亏吧。

暗雷2：口令红包雷

两个月后，我从被骗的阴影中走了出来。日子还是要过的，不能因噎废食啊！于是，又一个寂寞的夜晚，我决定改变被动等待美女降临的局面，变为主动出击。

在网上搜索一番之后，一则广告引起了我的注意：同城美女，快速上门。点开之后，满屏的美女扑面而来，我忍不住点击了一个体形娇小的美女的照片，接着屏幕跳出一则下载提示。

某位哲学家好像说过这么一句话："人不能两次踏进同一条河流。"不知是哪个哲学家的谬论，我以血的教训证明了哲学家也有失言的时候——我下载安装了这款APP。这一平台的支付方式是支付宝口令红包，男方必须先发对应金额的口令红包才能进行预约，"约会"结束后将口令发给女方。平台解释说，这样的做法一方面是防止顾客逃单，另一方面可以验证顾客的支付能力。这一规定让我立马放心了：口令在我手里，难道骗子能"隔空取物"？

平台服务非常贴心，每一步操作都有详细的图文说明。步骤一：打开支付宝搜索"口令红包"；步骤二：选择"口令红包"，必须勾选"任何人可领取"，金额是本次服务费，红包个数填"1"；步骤三：选择"生成数字口令"并自行截图，妥善保存好口令界面；步骤四：生成口令后截图红包账单界面预约即可。下面还有一排红色字显示的"注意"：请妥善保管好口令，约会结束后需要将口令发给女方。

我按照要求将截图通过APP发送给对方，然后就将自己洗得干干净净躺在床上，期待着美女的到来。可是，等到天快亮了，连个美女的影子都没有，半睡半醒的我抓起手机，看到的却是一则支付宝提示，我的红包已经被领取了！

犹豫再三，这次我终于决定报警。我向警察同志提出了第一次"踩雷"时的疑惑：明明自己点击的是"充值 1 元"的按钮，为什么会扣款 1000 元呢？他说，当我下载安装 APP 时手机已经被骗子入侵了，软件内嵌有"虚假链接暗雷"，充值时跳转的并不是真实的支付界面。

我更着急了，忙问道："可是第二次呢？口令明明在我自己的手机中，他们不可能知道。"

警察笑了笑说："下载任何不明来路的 APP 都是有风险的。当你下载安装的时候，就已经在不知不觉中进行了各种授权，比如授权可以访问手机相册、通信录、麦克风、摄像头等。当你的口令红包生成时，支付平台会在相册里自动保存含有支付口令的截图。这时，就算你没有将口令给骗子，骗子早利用已经授权的超限采集将口令截图拿到手了，之后就可以直接领取红包。"

听完之后，我的"三观"被震得掉渣，同时我非常庆幸选择了报警，给自己一个明白真相的机会。

暗雷 3：购物平台雷

我与美女可能是无缘了，还是老老实实玩游戏吧。

最近我看上一款游戏皮肤，但是价格太高，一直不舍得下手。这天我逛游戏贴吧，看到一个网友晒这款皮肤的截图，并且留言说自己很幸运，仅用两折的价格就将它收入囊中。

竟然有这样的好事！我得打听一下。于是我赶紧私信这位网友，问在哪里可以用两折价格买到。没想到他很快就回复我，说是在一款名为××的APP上购买的，并且很热心地将下载链接发了过来。

下载、安装××APP，进入首页之后，全是游戏皮肤和游戏道具销售、购买交易完成的消息，右下角还有一个抽奖转盘，里面展示的游戏物品更加诱人，让人产生想要立即点开的冲动。但是连踩两次"暗雷"的我，并没有像之前那样迫不及待地点开，而是搜索了网友提供的APP名称。果不其然，出现了好几条"××游戏皮肤骗局"的相关结果。

点开之后，是被骗网友分享的血泪经验。原来，这个所谓的××APP会让受害者以为是真实的游戏物品交易网站，在付款过程中，资金会实际支付到骗子提前搭建好的支付通道中。

暗雷4："实用"小软件雷

我平时喜欢玩一款叫作××的网页游戏，时间和精力没少花，自认为竞技水平超过了大多数玩家，可是从未进过"战斗力排行榜"前100名。据说排在前20名的玩家大多是靠充值升级的，充值额度少则几万块，多则几十万、上百万元，贫困限制了我的想象力：有钱人的钱多到没处花吗？

有一次，我在游戏页面看到有玩家说，这些人其实真正充值的没几个，排名靠前是因为使用了"游戏修改器"软件，不仅可以充值翻倍，而且可以修改游戏数据。

我立即上网搜索了"××游戏充值软件""××游戏数据修改器"，发现真的有类似的软件，下载页面还有完整的充值攻略。我抱着"探秘"的心理下载并安装了软件，果然充值选项中有"充值88元获得10倍充值点""充值588元获得30倍充值点"等看起来很诱人的字眼。我当然不会去点击"充值"按钮，但我敢保证，大多数情况下，你一旦选择"充值588元"，除了被骗的588元外，还有更多的"暗雷"等着你！有过数次被诈骗经历的我，此时只想揭发这一类打着"实用"小软件幌子行诈骗之实的骗术。

实际上更可怕的是埋藏在"实用"小软件暗雷之后的诈骗背景，即游戏产业中的所谓"运营方式"。这里就必须说一下前面提到的战斗力排行。

原来，游戏里面真实的大咖寥寥无几，在战斗力榜上名列前茅的"大咖"大多数是游戏公司的托儿。身处游戏之中，我们只能把它当成一个虚假的世界：举目望去，可能你的队友是托儿，你的好友是托儿，你的敌人和竞争对手也是托儿，与你搞暧昧、结情缘的还是托儿……

真实的情况是，不少游戏运营商与"游戏工作室"合作，为游戏公司招聘活跃的"带服人员"，即游戏托儿，这些"工作人员"的主要目的就是让游戏中少之又少的真实大咖充值。

爱玩游戏的你很有可能看到过类似的手机短信："账号给你，吊打土豪""每天88张648到账""安排你当一波演员""你被选为巅峰号，经费管够""内定你开挂""你的号码为内部土豪号""当演员工资，××""和游戏区管一起怼土豪，拉动消费"等。

至此，我必须告诉你的是：小心，诈骗与你近在咫尺，而弄清真相是避免踩雷、避免诈骗最有效的途径。

◎ **骗术分析**

在这一类型的诈骗中，不法分子会锁定某一特定群体，为其订制一款看起来能够满足其需求的APP，比如"色粉"所需要的色播APP，学生党、宝妈等所需要的兼职平台APP，游戏玩家所需要的游戏物品交易APP，消费者所喜欢的促销购物APP等，并且根据不同的目标对象采取相应的诱导方式，或者

通过垃圾短信的方式进行传播。

诈骗分子还可以在后台操作 APP，比如盗取红包或修改金额，受害者的手机界面上都不会有跳转页面等反应，在被骗的当下是毫无痕迹的。只有开通相关短信提醒，收到扣款短信，受害者才会发觉自己上当受骗了。

因此，"暗雷"诈骗具有相当的迷惑性，可以说是名副其实。

◎ **防骗指南**

防范"暗雷"诈骗，建议从以下三点着手：

1. 下载软件应通过正规应用市场，不点击、不扫描、不安装任何来历不明的链接、二维码和软件等。

2. 日常应注意查看手机应用是否存在非法授权的情况，包括手机相册、通信录、麦克风、摄像头、定位等。

3. 日常使用手机的过程中，应注意观察手机是否存在卡顿、流量异常、触控失灵等情况，定期使用正规病毒查杀工具查杀病毒。

"GSM 劫持 + 短信嗅探技术"诈骗

2016 年，反诈圈一度按照诈骗分子与受害者接触与否重新梳理诈骗史，将其分为三个阶段：

从人类出现到 20 世纪末，以现实接触式诈骗为主，诈骗分子多为直接接触受害者，偶有通过信件或第三者转述实施诈骗，比如庞氏骗局、街头骗局等。此类诈骗至今依然常见。

从 21 世纪初至今，以电信或互联网或二者相结合的诈骗为主。随着电信、网络等通信技术及现代金融行业的飞速发展，电信网络诈骗迅速蔓延，这一时期的诈骗不再要求诈骗分子和受害者实际见面，属于间接接触型诈骗。但是从广义上来讲，还是需要通过电话、网络接触，也可归入接触型诈骗。这类诈骗是目前最主要的诈骗类型，受害者众多，且不分地域，不分年龄。

从 1990 年开始，非接触式诈骗就偶有发生，这类诈骗的共同特点是受害者并没有通过现实或网络接触到犯罪分子，犯罪分子主要利用各种网络系统的设计漏洞或算法漏洞等实施诈骗。从事这类诈骗门槛较高，犯罪分子往往精通相关系统技术。

从 2016 年（或更早）至今，出现了一种新型电信网络犯罪——"GSM 劫持 + 短信嗅探技术"诈骗。此类网络犯罪门槛低，又与电信诈骗相结合，让人防不胜防。GSM 全称"全球移动通信系统"，通俗来讲就是手机的 2G 通信系统。"GSM 劫持 + 短信嗅探技术"电信网络诈骗主要表现形式为不法分子不再通过任何肢体、语言或文字与受害者接触或互动，也不需要接触受害者的手机，即可实时获取用户手机短信内容，进而利用各大知名银行、网站、移动支付 APP 存在的技术漏洞和缺陷，悄无声息地单向窃取资金或实施网络诈骗等。这类诈骗是一种完全非接触式的诈骗。

这类诈骗的受害者的手机，表现为"SIM 卡①劫持"状态，其手机可能表现为收到异常短信，比如有价值的账号或具有支付功能的账号的验证短信，还可能出现手机没有信号或手机服务中断等现象。此时，受害者可以选择关闭手机或携带手机离开原地几百米的距离，基本上就可以解除"SIM 卡劫持"状态。

讲述案例前附上科普小贴士。手机通信（短信或通话）一般流程如下：移动台（A 手机）→基站子系统（A）→网络子系统→基站子系统（B）→移动台（B 手机）。

◎ 骗局自述

我怎么也没想到，自己会这么快落网，专案组的民警将我连人带车一起抓获。他们把我的作案设备从车上搬了下来，准

---

① "SIM 卡"是 GSM 系统的移动用户所持有的 IC 卡，又称用户识别卡或手机卡。

备连夜对我进行审讯。我虽然干这一行，但关键时候挺尿的，经过民警同志的一番思想工作，我决定老实交代。

1. 伪基站捕获手机号

我拿出自己动手改装的设备箱，它由一个伪基站、三个运营商拨号设备以及一部手机组成。为了平时放在车里不被发现，我专门将它们放在一个箱子里，外面套上印有"××外卖"标志的黑色袋子。

警察让我演示过程，我请一位民警把手机从 4G 切换到 2G 状态。接着我启动了设备，不到 30 秒钟，我平时用来作案的手机就接到一个电话，上面显示的就是这位民警的手机号码，但民警的手机并没有进行任何操作。

这是怎么回事呢？我向民警同志交代了原理。这台设备启动后，附近 2G 网络下的手机就会被轮流"吸附"到我的设备上，与设备相连的手机（中间人手机）就可以临时顶替被"吸附"的手机，也就是说，在运营商基站看来，此时的攻击手机就是受害者的手机。中间人手机就可以自动向我控制的另一部手机打电话，这样我就知道受害者的电话号码了。

2. 短信嗅探

知道手机号之后，我就需要搞定验证码的事情，这时候短信嗅探设备就要发挥作用了。这套设备由一台电脑、一部最陈旧的诺基亚手机以及一台嗅探信道机组装而成。平时我开车到

处跑，车载电源也少不了。

我打开电脑，启动了专用的软件，一边用手中的诺基亚手机寻找频点，一边向警察介绍说，寻找频点的关键就是对方的手机不能移动，这也就是我们选择午夜作案的最主要原因。

准备工作做好之后，此时，我的电脑屏幕很快出现了几十条短信，并且在以很快的速度增加，这些短信都是实时的，警察看到眼前这一幕露出吃惊的表情。

我接着说，平时只要启动这台设备，就可以嗅探到附近一个基站范围内所有 2G 信号下静止的手机所收到的短信。这些短信有办理税务业务时收到的二维码，也有银行发送的余额变动通知等。当然，这台手机必须开机，能正常接收到短信，必须是在 2G 信号下，且保持静止状态。知道了手机号和验证码，一般登录一些防范能力较低的网站就完全没有问题了。

3. "社工" 手段

警察将我交代的内容录入电脑，抬头示意我继续说下去。

这时候，我需要弄到手机机主的姓名、身份证号、银行卡号这些信息，我也学过一些"社工"技术。什么是"社工"呢？是黑客界常用的说法，就是通过一些社会工程学的手段，利用撞库或者其他漏洞来确定个人信息的方法。

接着我演示了我掌握的一些"社工"手段，在场的民警看得目瞪口呆，主要是他们头脑里的那些著名企业的常用网站、软件竟然都存在可以被利用的漏洞。

对于利用漏洞的具体的方法，民警同志明确讲了，"这段掐了不能播"，我只能"此处省略一千字"，步骤就是这么个步骤。

4. 盗刷资金

经过以上几步，我已经掌握了机主的姓名、身份证号、银行卡号、手机号，并能实时监测到他 / 她的验证码，这个时候就可以盗刷他们卡里的钱，或者用机主的账号购物，甚至使用一些 APP 的贷款功能进行贷款。

很多网站在设计的时候，只需要输入以上这些信息就可以完成支付，我有时候还用这些信息更改登录密码、支付密码。

为了"安全"转账到我们的账户，不吵醒机主，我有时会在机主的网银上直接修改预留手机号，这样余额变动的提示短信就会发送到我的手机上。

警察听完之后一脸蒙，我赶紧补充一句，很多大的网站、APP的风控还是做得比较好的，一般在识别出异常后会及时拦截。我一个晚上虽然能捕获到很多手机号，嗅探到很多短信，但是最后能盗刷的并没有想象的那么多。

5. 补充：伪基站发诈骗短信

为了争取宽大处理，我决定再向警察同志交代一些同行的骗术。警察笑了笑，点头让我继续做点补充。

很多人常常收到余额变更、积分到期等短信，内容多为：尊敬的用户，您的话费积分还有××，即将过期，请登录积分商城××××.com。点击登录"积分商城"后，明显位置会显示积分数、倒计时及不断刷新的兑换消息。

这些短信是怎么出现的呢？多是我的同行利用背包式伪基站发送的。背包式伪基站一般只能发送短信，但是成本比车载式伪基站和固定式伪基站低得多。只需要一个人背着伪基站走街串巷，信号轻松覆盖各大商业中心和住宅区。

伪基站在200米范围内的信号比真基站的信号强，会屏蔽运营商的网络信号，在此范围内的手机会自动与伪基站发生信号交互，伪基站即可获得手机SIM卡序列号，手机会无条件接收伪基站发送的信息。

理论上，背包式伪基站每秒可发送200多条信息，一天可

发送数万条。在伪基站运营商行情大约为 100 元／万条的时候，
"背包客"日收入在 200 元左右。

据我了解的背包式伪基站发展史，2010 年（或更早），伪
基站运营商常与各种 DM（快讯商品广告）媒体或其他资讯媒
体相结合，资讯媒体以 0.05 ～ 0.12 元／条为商家提供发送广告
的短信服务，之后再以 100 ～ 300 元／万条的价格转包给伪基
站运营商。

这种方式到 2013 年开始流行，伪基站年发送的短信可以
达到数十亿条甚至上百亿条。其中，推销类广告占一半以上，
违法信息约占 1/3，诈骗信息约占 10%。

2014 年开始，很多伪基站运营者本身就是诈骗分子，或者诈骗分子与伪基站运营者联合作案，通过"积分兑换"等短信诱骗用户进入钓鱼网站，直接进行购物诈骗，或骗取身份证、银行卡等信息，再进一步实施诈骗。这一手法一直沿用至今。

做完笔录我长叹一口气，等待我的将是漫漫监狱生涯。

◎ **骗术分析**

这一诈骗手法当年横空出世，在社会上引起极大震动。小品里说"眼睛一闭一睁，一天过去了"，但现实是有的人眼睛一闭一睁，钱没了！因此，可以想象当时这一新闻出来的轰动程度。

虽然是完全非接触式诈骗，但是老陈劝大家不要太过恐慌。根据案例总结，诈骗分子实现盗刷需要具备以下几个条件：第一，受害者手机开机且处于 2G 制式；第二，运营商必须是中国移动或中国联通，这两家的 2G 是 GSM 制式，传送短信是明文方式，可以被嗅探到；第三，手机要保持静止状态；第四，受害者的各类信息刚好能被"社工"手段锁定；第五，各大网站、APP 的漏洞不进行修复。随着运营商网络的不断更新升级，以及各个 APP 优化了风控策略，盗刷成功率降低。

可是成功率低不代表不需要重视。中华人民共和国工业和信息化部的统计数据显示，截至 2020 年上半年，全国在网的 2G 用户约为 2.73 亿户，约占全国移动电话用户的 17.15%。三大运营商虽然积极推进 2G/3G 全面退网，但是目前仍然有一定数量的 2G 用户，还有一些偏远地区或者手机信号不稳定的地区，经常掉到 2G，不法分子仍有很多机会使用这一手段盗刷财物，用户还是需要提高警惕。

◎ 防骗指南

对于"GSM 劫持 + 短信嗅探技术"电信网络诈骗，最主要的破解方法是：如果银行卡资金额比较大，建议将银行预留手机号和日常使用手机号分离，平时银行预留手机号不用，需要验证码的时候再插入手机使用。其他防范建议如下：

1. 如无必要，建议睡觉前直接关机或者开启飞行模式，如果你无法接收到短信，那嗅探设备也不能。

2. 如果发现手机收到来历不明的验证码，有可能是不法分子正在"社工"你的信息，可以立即关机或者启动飞行模式，并移动位置（在大城市里移动几百米即可）。

3. 关闭一些网站、APP 的免密支付功能，调整每日最高消费额度设置。

4. 如果看到有银行或者其他金融机构发来的不明验证码，除了关机或启动飞行模式，还要迅速采取输错密码、挂失等手段冻结银行卡或支付账号，避免进一步的损失。

5. 各大网站、APP 运营商应切实修复安全漏洞，提升风控能力，避免被更多黑产人士利用。

利用社会热点诈骗

——"与时俱进，常骗常新"

诈骗分子讲究"与时俱进"，他们往往会利用当前的社会热点、网络舆情设下骗局。这些社会热点事件是正在发生的现实，大多数人都在关注，因此人们更容易不加辨别地相信，从而落入骗子的圈套。

◎ 骗局回放

2022年初的北京冬奥会举世瞩目，人们在春节的喜庆气氛下密切关注冬奥会的进程，为中国和来自世界其他地方的运动健儿加油打气。赛事进行得如火如荼，与冬奥会相关的话题霸占了各大社交平台的热榜，成为当时最热的社会热点。骗子们伺机而动，纷纷蹭冬奥会的热度，布下各类骗局，实施诈骗。

阿亮是某高校大三的学生，2022年寒假来临，学校布置了社会实践活动任务，要求每位同学开学时提交相关活动报告。

2月8日，阿亮在微信群中看到一则消息：在公众号"校园实践"回复"冬奥"，或用微信扫描二维码，一起来报名参与"'魅力冬奥'冬奥知识传播助力大使"活动，你将获得荣誉证书、志愿者证书和冬奥纪念礼品。答题活动主办单位名为"中国管理科学研究院国际人才技能培训基地"。宣传海报中的冬奥纪念礼品正是被疯抢的冬奥吉祥物冰墩墩，最下方还有一行小字：荣誉证书可作为社会实践、奖学金评定等的依据。

阿亮正为学校社会实践活动发愁，如果能成为"冬奥知识宣传员"，既能完成实践任务，又有可能获得"顶流"冰墩墩，真是一箭双雕啊！于是，他扫描了海报中的二维码。"魅力冬奥"的活动实行"冬奥值"积分制度，报名后首先在10分钟内答10道关于冬奥的常识题，答对6道即可加"冬奥值"10分。同时，还可通过学习签到、邀请报名等方式赢取"冬奥值"，达到一定分值即可获得一星至五星等级的"冬奥大使"称号，全国排名靠前的参与者还可获得冰墩墩等限量奖品。

阿亮本是冰雪运动爱好者，冬奥会开幕后全程关注奥运会新闻，赛事更是一场不落地观看，对相关知识点谙熟于心，于是很快决定参与。果然，第一场答题，10道题全部正确！答题完成后，活动页面要求填写参与者所在学校、姓名、身份证号、手机号码、联系地址等个人信息，他没有多想，如实进行了填写。

冬奥会闭幕，阿亮完成了"魅力冬奥"的全部答题竞赛，顺利获得了"五星级冬奥大使"的称号。他在平台点击"领取证书"后，跳出了需要缴纳30元证书工本费的对话框。30元并不算多，他毫不犹豫地交了费。

马上要开学了，阿亮在家坐等证书，怎么也等不来的时候，接到了派出所警察的电话，询问他是否参加了"魅力冬奥"的线上答题。原来，这是一场精心设计的骗局：一个涉案人员为 19 人的犯罪团伙在没有取得冬奥会组委会官方授权的情况下，私下开发了所谓"魅力冬奥"的竞赛平台，并精心设计了积分规则和活动海报，通过公众号、微信群、朋友圈等渠道传播，非法获取了全国大中专院校在校学生的个人信息 350 万条，骗取部分参与者缴纳的工本费总计 1000 万元，阿亮就是受害者之一。幸好有参与人士及时举报，这起波及全国 350 万名大学生的案件才能第一时间获得重视并被成功破获。

◎ 骗术分析

除了上述案例中通过社会活动非法搜集公民个人信息的诈骗手法，蹭冬奥会热点的诈骗手法还有以下几种：

1. 假冒冬奥会官方网站诈骗。不法分子通过搭建虚假的冬奥会官方网站，在网站上进行所谓的"冬奥限量版纪念邮票限时抢购""冬奥纪念币抢购""幸运抽奖"等活动，诱骗受害者注册登录，而骗子早已在网站中植入病毒程序或者盗号木马，一旦受害者按照网站设定的路径操作，就会落入圈套，导致个人信息泄露，甚至银行卡中的钱财被转走。

2. 虚假中奖信息诈骗。冬奥会期间，不少人收到了类似信息：女士 / 先生，恭喜您在本公司举办的迎冬奥回馈抽奖活动中获得一等奖，您将领取 18800 元奖金，以及价值 8000 元的

笔记本电脑一台。当受害者信以为真主动与兑奖方联系，对方会以缴纳手续费、税款、保证金等理由要求受害者不断转账汇款，直到其恍然大悟，或被"榨干"为止。

3. 庆功"红包"诈骗。冬奥会期间，微信群、QQ群、朋友圈等出现了为运动健儿庆功的"红包"，点开后却提示要将"红包"链接进行分享才可领取。按照提示操作，"红包"中的钱不会到账，实际上是为骗子增加了广告传播量（大概率是非法广告），同时还可能造成个人信息泄露以及财产损失。

4. 虚假募捐诈骗。不法分子利用公众对冬奥会的特殊情结，通过编造虚假感人故事，或某运动员家庭贫困需要资助等信息骗取同情，发起"网络募捐"骗取钱财。

如果说不同手法的拆装组合是诈骗"创新升级"的基本方式，那么紧跟社会热点、网络舆情则是诈骗"常骗常新"的重要着力点。除了北京冬奥会这一典型社会热点之外，自然灾害、紧急疫情、社会活动、新生事物、国家或地区冲突等都可能被骗子们加以利用，编造故事背景，进而与不同的手法相结合，实施诈骗。

不夸张地说，一个"合格"的骗子，一定是一位积极关注国内外新闻、刻苦钻研新生事物、及时掌握国家政策的"新时代人才"，作为普通人的我们又有什么理由不努力呢？

◎ 防骗指南

老陈提醒：热度在哪里，热点在哪里，骗子就在哪里。骗子"与时俱进"，大家更要与时俱进，避免财产损失。建议从以下三点着手：

1. 如果收到有关热点事件的通知，首先要提高警惕，切勿轻易相信。当有热点事件发生，相关部门和机构会在第一时间通过电视新闻、官方网站、微信公众号等官方渠道统一对外公布，应积极主动从以上渠道查证核实。

2. 不要随意点击或扫描陌生人发来的或社交平台、各大网站上发布的链接和二维码，不要轻易在网上填写自己的个人身份信息、银行卡号及密码、验证码等。

3. 时刻关注国内外社会热点，认真学习国家方针政策。

利用元宇宙、NFT 等新概念诈骗

2021 年 10 月 28 日，Facebook（脸谱网）正式更名为 Meta。这个词来自希腊语，意思是超越，是 Metaverse（元宇宙）的缩写。Facebook 的创始人兼首席执行官扎克伯格在发布会上说："现在我们将要开启一个更大的社会形态，元宇宙将会是互联网的下一站。"他对进军元宇宙这一事业用的词是"all in"，并计划 2021 年在元宇宙项目上怒砸百亿美元。马化腾也表示，全真互联网（元宇宙）是腾讯下一场必须打赢的战役。互联网巨头们纷纷入局，资本市场上元宇宙概念股纷纷大涨。那么，元宇宙究竟是什么呢？是骗局，还是全新的机遇？

若我们把元宇宙看成是虚拟空间和时间的集合，那么元宇宙的一种表现就是"全息游戏"，但是真正意义上的元宇宙是指将增强现实技术（AR）、虚拟现实技术（VR）与互联网相结合，给用户带来身临其境的感受。

NFT 的全称为 Non-Fungible Token，指非同质化代币，简单来说就是把照片、声音、文字、视频等放到区块链上去，变成具有唯一性、不可分割性和稀有性数字作品，再通俗一点来说，就是给每一个物品都配上一个独一无二、不可篡改的身份证明。

虽然我们要对元宇宙、NFT 等的发展和应用保持积极、乐观和开放的态度，但是不可否认的是，每到有新概念产生时，紧跟热点、积极钻研并且从中第一个赚钱的，很大可能是骗子，他们通常热炒概念，以达到吸收资金的目的。

以元宇宙为例，常见的诈骗名目就有"元宇宙投资项目""元宇宙链游""元宇宙虚拟房地产""元宇宙通行货币"等。对这些名目的炒作无一例外都是为了吸收资金，并且大部分都涉嫌非法集资、诈骗等违法犯罪活动，实际上与元宇宙、NFT 等的本质一点关系都没有。因此，在热点新概念发展和开发的过程中，公众和资本都需要保持理性和谨慎。

◎ 骗局回放

假期闲来无事，陈女士在贴吧里刷到一则信息，一款叫作《农民世界》的元宇宙区块链游戏可以"边玩游戏边赚钱，月收益接近 100%"。帖子下方附有一个链接，是这款游戏上个月首周客户的收益榜，其中第一名一周就赚了 61 万元！而帖子下方的评论区有人留言，说他最近在游戏中投资了 30 万元，两周就赚回 14 万元，在四线城市付了一套房子的首付款。

陈女士越看越心动，忍不住去百度上搜索了什么是"元宇宙"。一看是连扎克伯格都想要"all in"的项目，互联网大佬们纷纷下场砸钱，肯定错不了，当即添加了帖子中"客服"的联系方式。

"客服"告诉陈女士，这款游戏属于投资型游戏，因此需

要先交 6000 元服务费才能为她开通账户，其次在游戏中赚了钱，还需要分给公司收益的 20%。陈女士心想，如果月收益 100% 的话，6000 元转眼就能赚回来；而且赚钱的项目人家当然不能白分享给我，分 20% 出去也是应该的，过了这村就没这店了，这么好的最新投资项目一定不能错过！于是马上交了 6000 元。

进入游戏，陈女士发现，这款游戏的页面与她日常玩的游戏相比略显粗糙，但是这有什么重要的呢？"客服"介绍说，参与游戏需要购买游戏中的工具，玩家将人民币交给他们，他们负责兑换成虚拟币 USDT，再兑换成这款游戏需要的虚拟币，最后用这些虚拟币购买"电锯""钓鱼竿"等，即 NFT。这些工具每小时都会产出木材和食物，将其售出后就能实现 100% 的月收益。

其中，投资额度是按照游戏中工具的价格来确定的，最低投资额为两万元。这对月薪 4000 元的陈女士来说可是小半年的收入，不算是个小数目了，于是她咨询"客服"是否有相关的合同。客服发了一个哈哈笑的表情，继续说："如果签合同的话，您就被我们制约了哦。您放心，这款游戏的开发公司刚得到 2000 万美元的融资，肯定不会有风险的。"陈女士略有犹豫，说再考虑一下。

当天晚上，她和 IT 行业的朋友在微信中聊天谈到了这件事，朋友当即打来语音电话，提醒她上当受骗了，央视刚刚在节目中揭露了这款元宇宙链游的骗局，同时发来了相关的视频链接。陈女士看了之后再与客服联系，打算要回 6000 元服务费，客服马上把她拉黑了。

◎ 骗术分析

"元宇宙"一词诞生于 1992 年美国作家尼尔·斯蒂芬森的科幻小说《雪崩》。小说描绘了一个庞大的虚拟现实世界——戴上耳机和目镜，找到终端连接，就能够以虚拟身份的方式进入由计算机模拟的、与真实世界平行的虚拟空间。到如今看来，其中描述的还是超前的未来世界。

　　腾讯、百度、华为等大企业先后宣布向元宇宙进军，连刚刚还完 6 个亿债款的罗永浩也高调宣布即将重返科技行业，宣战 AR/VR/MR 领域……这样火热到疯狂的场面，使很多公众受到"启发"。你身边有没有突然间开始刷元宇宙、NFT 等概念的人？他们拿着真金白银投入到自己都说不清的项目中去，也想在这场集体狂欢中分一杯羹，实际上可能已经落入骗子的陷阱之中。

　　也许我们真正了解了元宇宙，就不会那么容易被诈骗了。

　　那么，什么是元宇宙呢？通俗来说，就是把现实的工作和生活搬上网络并以数据的方式进行传播，而这些被数据化的事与物，都应直接反映在现实中，而不是单一的网络数据。

也许每一个人眼中的元宇宙都不同，也许每一个人眼中的元宇宙都是真正元宇宙的一部分。就如我们刚刚进入"互联网+"时代一样，大部分工作和生活都可以通过网络来完成，而当淘宝发展到一定阶段时，我们普通人才体会到"互联网+"时代的到来。

元宇宙与"互联网+"是一样的，只是把在网络上存储的数据变为即时数据，比如我们现在看到的百度街景是几年前的街景，也许在元宇宙中，我们看到的街景是正在发生的。

可能你会说，这不就是户外直播吗？在户外直播中，我们看到的画面是被动的画面，由直播者根据实际情况选择了不同的视角，因此视角并不由我们掌控。而元宇宙的视角应该是可以由我们时时掌控的——可以根据自己的意愿随时随地选择不同的视角来观看正在发生的事。

我们先把元宇宙拆分开来，看看什么是真正的元宇宙，及其是怎样构成的：

1.VR（虚拟现实技术，又称灵境技术）

也许你看过5G直播，安装相关客户端或进入相应的直播平台，在客户端或平台上可以在某一个或几个位置，根据自己的喜好或愿望选择不同的方向观看正在发生的场景。

如果我们把5G直播再升级一下：我们去户外带一架能直播的无人机，戴上与无人机相连的VR眼镜，在允许无人机飞航的地段飞一飞无人机，我们眼中的世界又不同了。

如果我们把"VR+直播+无人机"再升级一下：我们只需要戴上VR设备，连接上网络，找一个正在进行户外直播的平台，我们是否就可以像在现实中那样，逛遍祖国大好河山？

如果我们把上面的场景应用到工作或生活中，我们是否可以戴上VR设备在网络上逛超市呢？我们是否可以戴上VR设备在网络上试穿衣服呢？我们是否可以在家里面戴上VR设备与同事一起工作呢？我们是否可以在家里面戴上VR设备去走遍世界呢？……

2.AR（增强现实技术）

也许在现实中你看到过3D画，明明是一张平面画，可是画上的事物跃然纸上，仿佛是真实的一样。那么，我们把3D画的效果应用在视频或摄像中会怎样呢？我们在手机里面看到的事物就会显得更加真实。也许你听说过，使用手机摄像头就可以测量物品的大小，这就是AR的应用。其实现在应用AR的场景已经很多了，只是我们没有在意或留意而已。

3.MR（混合现实技术）

如果我们把投影技术与3D画面相结合，就变成了你在电影院看过的3D电影，春晚美妙绝伦的空中场景，以及声、光、电相结合的水幕电影……

也许你认为MR离我们很远，但其实很多手工制作爱好者都会使用手机在空中投映活灵活现的飞鸟、虫鱼等。

如果我们把 AR、VR、MR 相结合，可以想象，在元宇宙中，工作是这样的：早晨在家中起床，进入家中的办公间，打开不同角度带 AR 功能的摄像头，打开具有投影 3D 场景功能的投影仪，戴上具有 VR 功能的眼镜，然后坐在家里面就可以开始上班。

你的领导可以通过 VR 眼镜来到你身边查看你的工作进度，你也可以通过 VR 眼镜与同事商讨工作内容。而这些，你都会感觉它正发生在身边，而不是网络上。

当今时代，大部分投资商都投资在元宇宙相关视觉设备的研发上，也许有那么一天，科技会发展到我们在元宇宙中能体验到触觉、味觉。

总的来说，元宇宙就是把现实的事与物变成数据的一种应用称呼，本质上与"互联网+"没有任何区别。也许把元宇宙称为"互联网++"或"互联网 Plus+"，更易于理解。

很多利用元宇宙概念的诈骗，均有如下类似的描述：我有一个元宇宙项目，这个项目发展前景很好，可以在元宇宙里面有自己的住所，还可以自己种植、养殖，还会"发行"元宇宙货币……现在的元宇宙，无一例外就是把网络游戏中的某一种玩法赋予"元宇宙"这个名称，上当受骗的大部分是不了解网络游戏的中老年人。

至于中国的互联网巨头为什么说要打赢全真互联网战役呢？因为他们的企业有用户，有体验者，为了不流失用户，让用户体验到更深层次的网络应用给他们带来的体验感是什么样的，而不是卖概念。就如从前，企业上互联网称为"互联网+"，在未来，企业在元宇宙中，或许会称为"元宇宙+"。

2022年2月18日，银保监会处置非法集资部际联席会议办公室发布了《关于防范以"元宇宙"名义进行非法集资的风险提示》，提醒投资者应注重防范以下四种以"元宇宙"名义进行非法集资的有关手法：一是编造虚假元宇宙投资项目；二是打着元宇宙区块链游戏旗号诈骗；三是恶意炒作元宇宙房地产圈钱；四是变相从事元宇宙虚拟币非法牟利。

我们来分析一下以上四种诈骗手法：

1. 编造虚假元宇宙投资项目。不法分子翻炒与元宇宙相关的游戏制作、人工智能、虚拟现实等概念，编造包装名目众多的高科技投资项目，公开虚假宣传高额收益，借机吸收公众资金，具有非法集资、诈骗等违法行为特征。

2. 打着元宇宙区块链游戏旗号诈骗。不法分子捆绑元宇宙概念，宣称"边玩游戏边赚钱""投资周期短、收益高"，诱骗参与者通过兑换虚拟币、购买游戏装备等方式投资。此类游戏具有较强迷惑性，存在卷款跑路等风险。

3. 恶意炒作元宇宙房地产圈钱。不法分子利用元宇宙热点概念渲染虚拟房地产价格上涨预期，人为营造抢购假象，引诱人们进场囤积买卖，须警惕此类投机炒作风险。

4. 变相从事元宇宙虚拟币非法牟利。不法分子号称所发虚拟币为未来"元宇宙通行货币"，诱导公众购买投资。此类虚拟货币往往是不法分子自发的空气币，主要通过操纵价格、设置提现门槛等幕后手段非法获利。

老陈提醒：概念投资须谨慎，虚假平台多又多，防范意识说一说——拉人入群、发展下线，目的是圈钱；天上掉馅饼，可能是陷阱。

◎ 防骗指南

防范利用元宇宙、NFT 等新概念诈骗，建议从以下三点着手：

1. 利用元宇宙、NFT 等新概念诈骗，实际上是网络投资诈骗的一种新手法，"微投入，高收入""稳赚不赔"等幌子是不法分子吸引潜在受害者的虚假广告，应时刻保持警惕。

2. 增强风险防范意识和识别能力。从虚拟到现实，从看得见到摸得着，还有不短的距离，遇到所谓的投资项目，应对平台资质、资金托管、运营操作等情况进行核实，选择正规的操作平台和适合自己的投资方式，不要投资自己一知半解的领域。

3. 如发现涉嫌非法集资等违法犯罪线索，应积极向当地有关部门举报。

庞氏骗局

为什么要了解庞氏骗局？

如今，我们常常可以看到传销和变相传销、投资诈骗和网络投资诈骗、网络培训诈骗等各种骗局，细细分析后会发现，大部分骗局的核心手法就是"拉人头""割韭菜"。这种手法有一个统称，即"庞氏骗局"。

各种网络电信诈骗多是利用受害者对事物熟知但是对其本质并不了解，让受害者感觉"天降好运"于自己，从而实施诈骗。传销的核心话术就是"关系好，才带你发财""我们这么好的关系，我会害你吗"……其实，我们在各种网络电信诈骗中都可以看到传销话术的影子。

那么，什么是庞氏骗局呢？庞氏骗局是对金融领域投资诈骗的称呼，是"金字塔骗局"的鼻祖，更是传销的鼻祖。

◎ 骗局回放：庞氏骗局的由来

1903 年，21 岁的意大利人查尔斯·庞兹移民到了美国。这时，他全身上下只有 2.5 美元，却做着赚 100 万美元的梦，后来更是成为美国所有金融大佬的噩梦。此人就是庞氏骗局的创始人。

刚到美国，庞兹在波士顿的一家餐厅做洗碗工，后来升职为服务生，之后因给顾客找零时少给钱并据为己有和偷盗行为被解雇。

1907 年，庞兹去了加拿大蒙特利尔，成为一家由意大利人开办的扎罗斯银行的柜员。当时，其他银行给储户的利息为 2%，银行投资获利大约只有 3%，而扎罗斯银行却许诺给储户 6% 的利息。庞兹发现，银行对存款人支付的高额存款利息不是来自银行的投资获利，而是新开账户的存款本金，只要储户不挤兑，银行总能化险为夷。最终，扎罗斯银行没有坚持多久就东窗事发倒闭了，庞兹不仅失去了工作，还因为票据造假被判入狱 3 年。或许扎罗斯银行"拆东墙补西墙"的手法给他日后发明庞氏骗局带来了灵感。

1911 年庞兹回到美国后，又因走私非法移民，在亚特兰大的监狱中度过了两年。

1914 年第一世界大战爆发后，万国邮政联盟为了推动全球通信业的发展出了这么一条规定：各国民众在寄国际邮件时，可以附上一张邮票代金券，回信人可以凭此换一张邮票。因此，收信人回信时，就可以拿着邮票代金券直接去当地邮局兑换邮票，相当于收信人来回包邮。这么来看，包邮已经发明了 100 多年。

欧洲刚结束"一战"，各国货币贬值严重，由于邮票代金券比较冷门，关注的人少，万国邮政联盟没有跟随国际货币实际汇率去调整代金券的售价，导致邮票代金券的价值和价格出现了分离。

庞兹出狱后再次来到波士顿，平平淡淡地生活了几年，也没有找到发财的机会。他无意间收到来自欧洲的邮政票券，发现各国邮票代金券的售价不同，西班牙售价4.5美分，美国则要5美分。为了验证过程和有效性，他把夹有1美元的信寄给西班牙、法国的朋友，让朋友全部用来购买国际邮票代金券并回寄给他。

几个星期后，庞兹收到朋友寄回来的邮票代金券，全部兑换成了邮票，但是他并没有想过把邮票换成现金的问题，只是想到如何设计成骗局。

庞兹于1919年在波士顿成立了一家票券公司，向美国民众兜售一个经过精心设计的投资计划。他宣称，只要拿出10美元就可以持有他公司开具的本票，由他操作，在90天之内获得50%的利润并兑换给持本票的投资者。

庞兹的第一个代理商是一个修理工，此人不但口才好，人缘也好。开始时，庞兹向修理工推销，修理工由于没钱而断然拒绝。后来，庞兹想出一个折中的办法，告诉他说："你当我的代理吧，每把我的方案成功推荐给一个人，并完成订单，我就付给你10%的订单佣金。"1920年1月，这位修理工成功地为庞兹带来18名投资者，共投入1770美元。

在此期间，庞兹做了四件事：一是缩短投资回报时间，实际上在45天内就兑现了50%的利润给投资者；二是扩大销售代理规模，设立办公场所，并聘请专业的做账人员；三是对外宣称自己在欧洲各国有着一个庞大且完善的票据收购团队（此时不仅收购邮票代金券，还收购其他能获利的票据），还向民众说明了在美国兑现成美元的过程；四是聘请公关人员宣传其商业版图，还做起了广告——90天内实现100%的回报，年回报率400%（45天回报50%，一年约8个45天）。

自此一发不可收，1920年2月开始，庞兹财富呈几何级增

加，后来庞兹成为私人银行汉诺威信托的董事和股东。

同年 7 月下旬，美国的金融权威人士克拉伦斯·沃克·巴伦在《波士顿邮报》上对庞兹的操作提出了质疑，但是接下来的几天，投资者的数量依旧只增不减。

这时，庞兹竟然主动出击，他提议：可以向官方选择的审计师公开账簿，证明自己有足够的现金和流动资产来偿还债务。

在庞兹的公司被审计期间，巴伦在《波士顿邮报》上刊登了一篇更为详尽的分析报道，提出："庞兹既然有能力为他人在 90 天内回报 100%，为什么他自己要把钱投入仅有个位数回报的房地产、股票等投资中呢？"可惜的是，这些警告对投资者毫无作用，他们一个也没有被劝退。

庞兹的宣传公关人员威廉·马克马斯特仔细观察了自家老板的操作之后，认为这是一场大规模的骗局，几经周折也在《波士顿邮报》上发表了一篇揭露文章，宣告庞兹已经资不抵债。之后，庞兹以马克马斯特是小偷为由将其告上法庭，马克马斯特则立刻反告。

除了马克马斯特发文的第二天，有极小部分投资者向庞兹要求退款外，其他人对他仍然充满信心。即使马克马斯特反告庞兹，大部分投资者仍旧与庞兹站在一起。

从庞兹要求审计之初，专门负责银行相关事务的政府专员约瑟夫·艾伦就紧盯着庞兹不放，他发现汉诺威信托不对劲，又指派了两名审查员前往汉诺威信托。进一步的调查显示：庞兹账户早已透支，汉诺威信托的其他官员背地里还在做着见不得人的非法勾当。后来，庞兹十几年前的旧账都被扒了出来。

审计结束后第二天，负债 700 万美元的庞兹当即自首，美国当局以"利用美国邮政进行诈骗"为由将其逮捕，判处 5 年监禁。

投资者们终于清醒了过来，很多人登记成为受害者，部分获得高额回报的投资者把利润退还。最终有近 2 万名受害者获得了其投资额 40% 的退款，成千上万人为这次投资行为交了昂贵的"学费"。

1922 年，庞兹提出上诉，并被成功保释外出，结果他故技重演，再次被捕入狱。

1934 年，庞兹又一次获释后，被遣送回意大利。回国后，他试图诈骗墨索里尼未遂。后来来到巴西一家航空公司工作，"二战"爆发后被裁员。

1949 年，庞兹在巴西里约热内卢的一家慈善堂因病去世，死时身无分文。

◎ 骗术分析

庞兹用 5 美分的投资骗取 1500 万美元，相当于今天的几十亿美元，这种诈骗手法又叫"非法集资""非法吸金""传销"，由于其裂变方式，俗称"老鼠会"。

"e 租宝"案是互联网金融史上最大的集资诈骗案之一。2014 年 2 月至 2015 年 12 月，仅仅 22 个月，实际吸收资金

598亿元，涉及用户约90万个，案发后集资款未兑付共计380亿余元。清退工作至今未完成。

也许有人说，早入早退就没问题，殊不知投资介绍人任何时候都会说——现在是最好的入场时机。就算有人抓住最好的入场时机，谁能保证自己赚到钱之后能理智退场呢？

毕竟，人最难掌控的就是自己的欲望。

◎ 骗局回放：麦道夫诈骗案

1938年4月29日，伯纳德·麦道夫出生在纽约一个犹太人家庭。"二战"结束后，1960年，华尔街开始复苏，这个时候，22岁的麦道夫刚刚大学毕业，根据他自己的叙述，他向岳父借用了一间办公室，用自己赚来的5000美元创立了伯纳德·麦道夫证券投资公司，从事证券经纪业务，这家公司以担任股票买卖的中间人而闻名。

1970年，麦道夫加入了美国证券业的自我监管组织——全国证券交易商协会（NASD），该组织当时正开发基于屏幕的交易系统。1971年，全球第一个电子交易市场纳斯达克证券市场成立，麦道夫成为该电子交易市场的早期参与者之一。麦道夫在电子交易市场中的领导地位和他敢于挑战传统模式的创新作为，使他成为备受尊敬、值得信赖的金融顾问。

1975年，美国经纪行业放宽佣金管制，允许普通投资者在没有经纪人的情况下进行负担得起的交易。麦道夫开始处理大宗交易。1983年，麦道夫证券投资公司在伦敦开设了办事处，并成为第一批在伦敦证券交易所进行交易的美国公司。美国股市大崩盘时，麦道夫提前买入看跌期权，赚得盆满钵满。1989年，麦道夫的证券投资公司控制了纽约证券交易所交易量的5%以上，他被当时的《金融世界》杂志评为华尔街收入最高的人之一。

1991年，麦道夫成为纳斯达克董事会主席。在他的领导下，纳斯达克证券交易所成为足以和纽交所分庭抗礼的证券交易所；为苹果、思科、谷歌等公司日后到纳斯达克上市做出巨大贡献。到2000年，麦道夫公司已拥有约3亿美元资产。2001年，该公司更是成为纳斯达克三大经纪公司之一。

功成名就之后，麦道夫的人生轨迹发生了巨大转变，谁也不会想到，这位曾被誉为"华尔街的传奇"、与巴菲特齐名的投资专家，会一手策划出美国史上最大的投资诈骗案。

2008年，全球性金融危机全面爆发，越来越多的投资者要求赎回资金。12月初，麦道夫受理了欧洲投资者70亿美元的赎回请求，这笔钱成为压垮麦道夫的最后一根稻草。在不得已的情况下，麦道夫向两个儿子坦白，他的投资咨询业务"不过是一场弥天大谎"，还提前给公司雇员和自家亲属们发放了红利。两个儿子得知这场骗局后，就与律师说明了情况，并最终向联邦举报，麦道夫于当年12月11日被捕。

据《华尔街日报》转述美国联邦检察官的说法，麦道夫的欺诈活动可能始于20世纪70年代。他通过名下证券投资公司，精心设计了一场巨大的基于层压式投资的庞氏骗局。利用对冲基金，以虚设投资项目为诱饵，通过承诺 10% ～ 15% 的高收益率，吸引了金融机构、个人投资者、资深银行家乃至富豪名流的巨额资金。

事实上，麦道夫多年没有为客户做过一笔交易。这些客户被告知，公司主要采用"可转换价差套利"的交易模式来赚钱，通过购买一篮子大盘成分股以反映标准普尔 100 指数，同时利用买卖该指数的期权来降低风险。但麦道夫只是将客户的资金存入美国大通银行的一个账户，用早期客户的资金支付给新客户，并向客户提供伪造的账户对账单。

截至 2008 年 11 月 30 日，麦道夫公司共有 4800 个投资者账户。

相关资料显示，华尔街分析师哈里·马科波洛斯在 1999 年就发现麦道夫诈骗的一些端倪，他不断向美国证监会举报，却遭到无视。2005 年，这位分析师又写了一封长达 21 页的举报信，直言麦道夫的基金就是一个大骗局，但依旧石沉大海。其实，1992 年至 2008 年，美国证监会多次收到对麦道夫公司的投诉，但是对其进行检查和调查后，并未发现欺诈现象。

2009 年 3 月，麦道夫表示对包括证券欺诈、洗钱等在内的 11 项刑事指控认罪，欺诈金额累加起来达到 650 亿美元。据有关报道，被麦道夫"割韭菜"的受害者多达 3.7 万人，遍布亚洲、欧洲和美洲的 136 个国家。除了多家对冲基金、慈善机构、跨国银行等大型机构投资者，还有很多政要、明星和富豪也深受其害。

2009 年 6 月 29 日，纽约联邦法院判处麦道夫 150 年有期徒刑，同时开出 1700 亿美元的罚没单。这意味着，麦道夫倾家荡产也无法交齐罚单金额。麦道夫的妻子最后和法院达成协议，放弃名下 8000 多万美元资产，仅保留 250 万美元现金。

麦道夫不仅失去了自由和财富，还失去了他的两个儿子。2010 年 12 月，他的长子马克在公寓中上吊自杀；2014 年 9 月，小儿子安德鲁因癌症去世。

2021 年 4 月，82 岁的伯纳德·麦道夫在狱中自然死亡。他的律师在一份声明中写道："直到麦道夫去世，他一直生活在对自己罪行的内疚和悔恨之中。"

◎ **骗术分析**

20 世纪 90 年代，麦道夫成立了一家资产管理公司，通过自己的人脉为公司筹资。他通过富人俱乐部（棕榈滩乡村俱乐部）或其他慈善场合寻找到很多投资者，这些投资者还可以作为中间人介绍更多客户给麦道夫并获得回佣。

表面看来，麦道夫的基金有着稳定的利润返还率，是一项风险很低的投资，实则该基金的生意是不断地购买大盘增长基金和定额认购股权等。根据美国证监会的说法，2005 年，麦道夫的投资基金生意逐渐变成了一个新的庞氏骗局，所有返还给投资者的收益均来自越来越多新加入的投资者。

麦道夫之所以能够欺诈到如此之巨的金额，并且如此之久才事发，主要原因有以下几点：一是利用了他在投资界的知名度，及其在美国金融业界发言人的影响力；二是懂得利用人性的贪婪，并通过奢华场所建立稳定的人际关系网；三是在业界树立"麦道夫投资必赚"的口碑；四是利用朋友、家人和生意伙伴发展"金字塔型下线"，并准时返佣；五是回报给客户稳定的利润，客户也可随时赎回投资。这也是现今各种庞氏骗局、传销、网络投资诈骗的经典套路。

◎ 骗局回放：谢尔盖·马夫罗季和 MMM 骗局

1994 年 2 月，马夫罗季兄弟三人以家族姓氏首字母为名，创办 MMM 股份公司，注册资金仅为 10 万卢布（当时约合 1000 美元）。

受苏联解体的影响，俄罗斯上下都渴望经济能够快速复苏，谢尔盖·马夫罗季正是看到了其中的机会，打着"投资石油"名义，用"金字塔"式的投资模式，声称要建立金额最大的投资基金。MMM 公司在俄罗斯几乎所有知名媒体上投放广告，许诺给投资者每月至少两倍的回报，除了在报纸、广播、电视乃至公交车上打广告外，甚至邀请莫斯科居民免费乘坐一趟地铁。

MMM 公司发行的原始股价格为每股 1000 卢布（当时约合 10 美元），4 个月后，每股价格已经炒到 3 万多卢布。1994 年 7 月，俄罗斯政府发表声明，质疑 MMM 承诺的高额回报，宣布不保证投资这家公司的安全性，MMM 公司股价随后急剧下跌。俄罗斯新闻社估算，MMM 欺诈案的投资者至少有 500 万人，而马夫罗季从中牟利 15 亿美元。同年 8 月，马夫罗季涉嫌偷税漏税遭拘留。在狱中，马夫罗季不但没有遭到投资者的唾弃，反而赢得了更多支持。投资者认为，不是马夫罗季，而是俄罗斯的警察及税务机关拿走了钱。而马夫罗季声称，他是被国家迫害的人，在帮普通老百姓抵抗金融寡头的蚕食。

1994 年 10 月，马夫罗季获释。次月参加国家杜马补选，还成功当选议员，当然后来被撤销了。

1997 年，MMM 破产之后，马夫罗季也因涉嫌偷税漏税被俄罗斯警方通缉。他一直东躲西藏，2003 年才在莫斯科被抓捕归案。经历了 4 年官司，直到 2007 年，法庭裁定马夫罗季窃取投资者巨资、偷税、伪造文件和大规模欺诈等罪名成立。服刑 4 年半后，2011 年马夫罗季获释。

2011 年，马夫罗季出狱后，开始推出新的"金字塔方案"，这一方案就是 2015 年传入的中国的 MMM 雏形，核心内容就是以"互助"为由，在"帮助他人"的同时还可以获得每月至少 20% 的回报。马夫罗季重建的金融金字塔"MMM-2011"几个月后崩塌，之后又建"MMM-2012"，2012 年 5 月再次被提起刑事诉讼。

除俄罗斯外，马夫罗季还把 MMM 扩展到许多国家和地区。南非媒体也曾报道他的诈骗行为。2013 年，MMM 进入印度，很快就被印度执法机构起获，3 名俄罗斯人和其印度伙伴因在印度涉嫌诈骗而被逮捕。据警方估计，印度存款人失去了 1.5 亿卢比（当时合 260 多万美元）。

2015 年 4 月起，MMM 平台开始传入中国、泰国、越南、缅甸等。

中国"MMM 金融互助社区"服务器位于美国或中国香港，简陋的 MMM 页面[①]上没有任何运营者的信息。马夫罗季一直诈骗罪名缠身，所以被禁止离开俄罗斯，他承认 MMM 在中国的运营者不是他本人，这位中国的运营者非常神秘。

MMM 进入中国后，名目众多，常见的有"MMM 金融互助社区 / 理财 / 投资""MMM 慈善金融 / 金融 / 财富互助平台""MMM 互助社区""MMM 互联网理财""中国 MMM 互助""MMM 社区互助金融系统"等。在当时的互联网环境下，通过网站、微博、博客、微信、QQ、贴吧、论坛、问答等平台公开宣传，无所不在，波及范围极广。至今在网上搜索相关词汇还可以见到相关页面。

MMM 在中国主要通过"境外名人"支持的方式进行宣传，号称建立所谓"公平、公正、互惠、诚实的人助人金融平台"，让社会大众通过帮助别人从而得到更多人的帮助，还妄称"经过市场检验，已在多个国家成熟运作多年，在全球拥有数亿会员"。

MMM 平台的运行模式是发行一种叫"马夫罗"的虚拟货币，俗称"马夫罗币"。投资人登录账户进入 MMMoffice 页面，

---

① 正式注册 MMM 账户后，会进入 MMMoffice 的页面。为什么称为"页面"？因为太过简陋，还不足以称为网站。

需要先以"提供帮助者"的身份购买马夫罗币，过程和网络购物差不多。投入资金最低 60 元，最高 6 万元，每次必须以 10 的倍数买入。在经过 15 天冻结期后，投资者又以"寻求帮助者"的身份等待他人来购买自己的马夫罗币，这样才能套现。买家由系统自动匹配，匹配期限为 1 ～ 14 天。在等待期间，每天都有 1% 的利息。在 15 天冻结期内不可取消订单，否则账户会被冻结。

MMM 的收益种类包括：

1. 静态收益。购入的马夫罗币日收益 1%。

2. 推荐、保举奖金（又称邀请新人奖金）。推荐亲朋好友一起玩，奖励被推荐人投资额的 10%。

3. 管理奖金。在 MMMoffice 达到经理级别后，可以从每一名参与者的投资中提取固定比例的奖金，分为 5%、3%、1%、0.25% 四级。

4. 高级领导人奖金。经 MMM 培训合格的领导人，奖金分别为 7%、5%、3%、1%、0.5%、0.3%、0.1%、0.05%、0.03%、0.01%，奖金层级没有限制，可以无限级。

5. 视频奖金。成功收到他人汇款并确认后，还有 5% 或 3% 的视频奖金，上传一个感谢 MMM 平台"全家"的语音视频，类似于加入传销组织的人感谢传销头目提供了传销平台。露脸的可以得到 5% 的马夫罗币，不露脸的可以得到 3%，所有登入 MMM 平台的用户都可以看到这些视频。给打款人的感谢信则是必须写的，需要写一些感谢打款人提供帮助之类的话，否则会被冻结 MMM 账号的交易，类似于加入传销组织的人感谢带他"入门"的人。

2015 年 6 月 26 日，MMM 平台进入"收割韭菜"阶段。因为有充足的新注册账号，MMM 平台投入资金的冻结期由 7 天改为 15 天，当时就有人发现只见转入某些账户，未见转出。7 月，有部分用户长时间无法提现，MMM 平台发布消息称，希望投资者选择 30 天冻结期 40% 的利息或 90 天冻结期 120% 的利息。9 月左右，MMM 平台开始支持比特币交易。12 月 25 日，MMM 平台宣布重启，清零以前的数据，宣布无限期延长会员本金提现，大量的资金早以比特币的形式转移到南非等国。此时，很多会员发现，某些账号一直收比特币，从未见汇款。2016 年 4 月 8 日，MMM 再次宣布重启，清零以前的数据。因为这次有 100% 的月息，又有大量投资者入场。

此时，《俄罗斯经济评论》做了一项问卷调查，题目是"MMM 在中国二次重启后你做了什么？"参与问卷的有 3875 人，其中有 28% 的人回答远离 MMM；有 12% 的人仍然选择继续投资；有高达 39% 的人对 MMM 系统仍然抱有希望，决定等待旧的马夫罗币释放；只有 10% 的人决定向公安机关报案。

根据当时情况估计，MMM 在中国运营超过 200 天，涉及资金至少百亿元，按平均每天产生 1 亿元利息计算，至少产生了超过 200 亿元的利息。

MMM 在中国的运营影响极其深远，为 2016 年后国内网络投资诈骗提供了更加肥沃的土壤。2015—2019 年，网上随处可见"万能币"、各种类似 MMM 的"互助平台"。2018 年 3 月，马夫罗季因心脏病在莫斯科的医院中去世，当时他的个人账户上约有 14 万比特币。无数投资比特币、追着马夫罗季跑的人，开始大量转移到其他庞氏骗局平台或比特币交易市场，把中国的电信网络诈骗推向了顶峰。

根据当时 MMM 互助金融社区的资料，MMM 在 107 个国家运营，全球共有 1.38 亿名会员，预估受害者达数千万，被骗金额高达数百亿美元。

◎ **骗术分析**

台湾地区非法传销组织兴田公司对"摇摆机"的加价行为与 MMM 成立之初把股票炒到每股 3 万卢布如出一辙。1995 年，兴田公司落地广东，后传至全国各地。

MMM 骗局中，投资者疯狂的程度远甚于庞兹所设骗局中的投资者。特别是 2015 年在中国运行的时候，无数的中国投资者将马夫罗季奉为神明。在网上至今还可以看到 MMM 的相关宣传资料，如今回忆起来，当时投资者的狂热程度仍然让人心惊胆战。

◎ **骗局回放：庞氏骗局是如何差点毁掉一个国家的**

东欧剧变以后，阿尔巴尼亚脱离社会主义的怀抱，彻底倒向西方，开始了市场经济转型。在不了解西方经济的大环境下，阿尔巴尼亚政府在贝里沙总统的领导下，依旧进行了全面性的改革。阿尔巴尼亚经济基础较为薄弱，全面开展私有制，一味求快冒进，导致了整个社会沉浸在并不务实的经济氛围之中。

阿尔巴尼亚银行的主要放贷对象是国有企业，国有企业坏账不断，无力偿还银行贷款，导致银行根本没有资金去满足民营企业的资金需求。民间募资公司为了满足民营企业发展的需要，以高利率吸收人民手中的资金，放贷给民营企业。

政府看到民间募资可以缓解民营企业的压力，放任其成长，且没有出台相关的法律法规对其进行约束。于是，募资公司为了自身利益，将大量资金用于外汇、地产等项目，甚至用于投机、走私等违法犯罪行为。

1994 年，阿尔巴尼亚政府发生政治危机，1995—1996 年又被指控政治腐败。1996 年 5 月，阿尔巴尼亚四年一度的大选正常举行，贝里沙政府依靠募资公司的资金援助取得连任，之后对募资公司大规模的扩张更加视若无睹，政府还帮忙鼓吹集资行为是"人民资本主义"。此时，募资公司由主要募资解决民营企业和自身发展问题全面倒向集资行为。

据统计，到 1996 年，总人口只有 200 多万的阿尔巴尼亚就有近 100 家募资公司。为了抢占市场，募资公司不断抛出高利率。在政府的鼓吹下，整个国家有 2/3 的人把全部身家投入募资公司。此时，民间信贷承诺的月利息已高达 44%，该国的经济已经失控。国际银行察觉到了异常，提醒阿尔巴尼亚政府，但是该国政府依旧选择无视。

当阿尔巴尼亚再次举行全国大选时，民众发现资金链断裂，纷纷要求提现。两家巨头公司立即宣布破产，多家募资公司跑路。但是，政府仍然选择继续欺骗民众，高利率的广告依旧到处可见。最终，愤怒的人民冲上街头抗议，一些不法分子抢劫银行、攻击政府部门，监狱发生暴动，局势发展到无法收拾的地步。国防部部长临阵脱逃，政府直接选择跑路。

据统计，阿尔巴尼亚的这次暴乱共导致 3000 多人死亡，20000 多人受伤，丢失枪支 70 万支、子弹 15 亿发。这场危机直接给阿尔巴尼亚的经济带来毁灭性的打击。至今，阿尔巴尼亚仍是欧洲最穷的国家。

◎ **骗术分析**

阿尔巴尼亚人民以血的教训告诉我们，全民参加庞氏骗局或传销，可以直接毁灭一个国家。

然而，随着经济的不断发展，各种各样的庞氏骗局改头换面，已经成为影响社会稳定的重要因素，诸如 1040 阳光工程、三地合作社、权健等，就真真切切发生在每一个人身边。

2020 年 8 月 20 日，最高人民法院公布以一年期贷款市场报价利率的 4 倍为标准，确定民间借贷利率的司法保护上限，取代了以 24% 和 36% 为基准的"两线三区"的规定，大幅度降低民间借贷利率的司法保护上限，促进民间借贷利率逐步与我国经济社会发展的实际水平相适应。

◎ 骗局回放：无限印钞的津巴布韦，又一场变相的庞氏骗局

2000 年，津巴布韦的总统穆加贝发起一项非常粗暴的土地改革计划，强行收回白人农场主的土地，再分配给黑人，导致白人出走、外资撤离、政府没有财政收入。于是，当时的津巴布韦央行行长吉迪恩·戈诺执行了大幅印钞计划，用以支付政府工作人员的工资，导致津巴布韦元迅速贬值。

以下是津巴布韦元从诞生至今的贬值历程：

1980 年，津巴布韦元刚诞生，1 美元仅可兑换 0.678 津巴布韦元。

1997 年，1 美元可兑换 10 津巴布韦元。

2000 年，津巴布韦通货膨胀率达 55%。

2002 年 6 月，1 美元可兑换 1000 津巴布韦元。

2006 年，1 美元可兑换 500000 津巴布韦元。

2006 年 8 月，第二代津巴布韦元问世，1 新津巴布韦元可兑换 1000 旧元。

2008 年 7 月，津巴布韦通货膨胀率达 220000%。

2008 年 7 月，津巴布韦发行了第二代最大面额 1000 亿津巴布韦元。

2008 年 8 月，第三代津巴布韦元问世，1 新津巴布韦元可兑换 100 亿旧元。

2009 年 1 月，津巴布韦发行了第三代最大面额 100 万亿津巴布韦元。

2009 年 2 月，第四代津巴布韦元问世，1 新津巴布韦元可兑换 1 万亿旧元。

2009 年 2 月，津巴布韦发行了第四代最大面额 500 津巴布韦元，但无人使用。

2009 年，津巴布韦的通货膨胀率已经无法统计了。

2009 年 4 月，津巴布韦改用美元、欧元、英镑、南非兰特和博茨瓦纳普拉。

2014 年 1 月，津巴布韦央行又增加了人民币、日元、澳大利亚元和印度卢比四种允许在国内合法流通使用的外币。

2015 年 12 月，津巴布韦官员宣布，将把人民币设为法定货币。

2016 年，津巴布韦穆加贝政府因现金短缺，发行与美元面值相当的"债券票据"。

2018 年，新政府执行新政策，将现金从没有准备金的银行电子存款中分离出来，导致黑市利率暴跌；新货币的银行间拆借利率约为 1 美元可兑 2.5 元津巴布韦币，黑市上债券票据的利率是 1 美元可兑 3.31 元津巴布韦币。

2019 年，津巴布韦发行新货币，这是 10 年以来这一国家再次使用本国货币，不再与美元维持等值；同年 9—12 月，1 人民币可兑换 45～46 津币。

2022 年 1—9 月，一直维持在 1 人民币可兑换 46.5～50.8 津币。

津巴布韦政府并没有财政收入来源，却无限印钞用于支付公务员工资，这属于庞氏骗局中的"空手套白狼"手法，最终导致津巴布韦本国货币体系崩溃，津巴布韦人民手中5000亿美元的现金资产全部化为泡影。

2008年下半年，津巴布韦大部分民众已经放弃使用津币，改用美元或南非兰特进行交易或"以物易物"。2009年，第三代货币100万亿津巴布元只能购买3个鸡蛋。2010年至今，津巴布韦的外债到期后，多以本国的野生动物资源抵偿欠款。

在这一场庞氏骗局中，津巴布韦的"本金"就是人民对本国货币的信任，而"利息"就是无财政收入且印钞发给官员的工资和后来无限增发的货币。而全世界范围内，又何止一个"津巴布韦"呢？

也许有了中国政府"一带一路"的倡议，以及中国对津巴布韦的 15 亿美元投资，津巴布韦能慢慢走出当年庞氏骗局带来的深坑。

◎ 传销：在中国屡禁不止的另类庞氏骗局

传销，在中国早已到了谈"传"色变的地步。这里说一说传销的"前世今生"。

美国

1964 年，在美国加州，威廉·帕特里克成立了假日魔法公司，这是世界上第一家真正意义上的传销公司。

假日魔法公司的传销分四个层级：假日女郎、组长、主任和经理。购买 39 美元的产品可成为"假日女郎"，购买 156 美元的产品可成为"组长"，购买 625 美元的产品可成为"主任"，购买 2500 美元的产品则可成为"经理"。下属"主任"晋升"经理"，现"经理"就脱身。假日魔法公司单凭这种纯拉人头的方式，业绩从成立第一年的 52 万美元蹿升至 1972 的 2.5 亿美元。

1971 年，美国联邦贸易委员会（FTC）控告假日魔法等非法"老鼠会"公司。1975 年，美国取缔了所有的非法传销组织，并颁布了《反金字塔式促销法》。

日本

在日本，影响最大的传销组织是 1965 年由内村健一在熊本市创办的"天下一家会"。该会的口号是"投资 2080 日元，吸收 4 名子会员，即可获得 102.4 万日元"。投资的 2080 日元中，1080 日元交给"组织"（即内村健一本人），余下的 1000 日元由"上级"瓜分。

到 1970 年底，该会会员已达 43 万人，在全日本拥有多家分会。全盛时期，会员数多达 180 万人，吸收的资金高达 300 亿日元。

1972 年开始，会员向日本官方控告该会，1979 年日本实施《无限连锁链防止法》，开始正式打击这种"老鼠会"。

中国香港

1970 年初，"老鼠会"流入香港，影响到正规的直销公司形象；1979 年，香港成立直销协会；1980 年制定并施行了《禁止层压式销售法条例》，这才让直销业逐渐进入正轨。

截至 2022 年，中国香港比较有名的传销组织有亮碧思（又叫作诗贝朗）集团、明昇（Francine）集团、BV 集团（香港 BV）、盛朗集团（香港 DC）等，难以计数，很多传销组织往往使用多个名称。

中国台湾

1976 年，日本"老鼠会"的头目之一绪方敬弘在日本被禁止营业后，将阵地转移到中国台湾地区，创立了"中华保康促进会"。

从此，传销在台湾地区遍地开花，为电信诈骗制造了肥沃的土壤。境外诈骗分子对中国实施诈骗的案件中，涉案金额达上千万元的，大部分与台湾地区诈骗头目在东南亚开设的诈骗集团有关。

中国大陆

1989年，日本Japan Life公司的传销人员把磁疗保健床垫走私到中国深圳的一家传销公司，以高出市场3倍的价格在中国开展传销业务。

20世纪90年代，兴田国际集团在台湾地区成立。1991年，该集团的爽安康有氧健康摇摆机进入大陆市场，市价仅值四五百元，但是在传销人员手中可以销售至四五千元，甚至更高。自从兴田的摇摆机进入中国大陆后，传销在大陆快速发展起来。

从传入中国至今，传销的主要形式有："1040阳光工程""连锁经营""纯资本运作""天津天狮""武汉新田""黄乐顺兴""云梦生活""梦幻之旅""多美姿""海之慧""黑茶""本溪中绿""民间自愿互助理财""中和支付""权健""如新""万福会""美安"等。

全国各大城市都有传销的身影，甚至有些城市常住人口只有几万人，但是传销人员可以达到十几万人乃至数十万人。而这些传销组织，多有一个洗脑的口号——"国家明面反对，暗中支持"，让更多人坚定地加入。

2014 年后，传销与微商、语音平台结合，成为新型的微商传销。

2018 年后，传销与视频直播、网课相互结合，成为新型的网络传销。

......

至今，庞氏骗局并没有结束，它往往与时下环境不停结合，演变出各种庞氏骗局，未来也会一直以各种形式的骗局存在。

也许，中国银保监会主席郭树清的一句话可以让我们警醒：理财产品收益率超过 6% 就要打问号，超过 8% 很危险，超过 10% 就要做好损失全部本金的准备。

03

第三单元

被诈骗后的正确
处理方式

被诈骗后"三部曲"

受害者发现或者怀疑自己被诈骗后应如何正确对待？

第一步，保留好相关证据，立即报警，这是唯一正确的做法。

很多受害者发现或怀疑自己被诈骗后，出于种种原因不愿意报警。有的受害者被诈骗金额较少，认为不值得报警；有的诈骗类型中，受害者因顾及自己的隐私或面子而羞于启齿；有的不想让家人、亲戚、朋友知情，免受指责；有的担心公安局会通知学校或工作单位；还有的本身参与赌博涉嫌违法；有的内心产生了强烈的羞耻感和挫败感，根本不愿意面对现实……

这种被骗后不报警的消极心态，一方面让犯罪分子逍遥法外，助长了他们的嚣张气焰，为此类骗局乃至次生骗局的持续发生埋下了诱因；另一方面会导致受害者无法正确地认识诈骗

是 110 吗？
我被骗了，
我要报警。

的本质，极易被二次诈骗。因此，当你发现或怀疑自己被诈骗的时候，无论被骗金额多少，无论内心有何顾虑，都应积极主动地报警。即使你没有被诈骗钱财，也应在"国家反诈中心"APP 上举报，提供有关诈骗分子的线索。全民反诈，需要所有人的努力。

那么，如何及时有效地报警呢？

1. 受害者发现或怀疑被诈骗后，如果自己无法确定，可以立即拨打 110 告知警察实情，确认是否被诈骗。

2. 如果确认自己被诈骗，若被诈骗钱款直接转入的是银行卡，可以通过电话冻结止付。方法如下：先拨打银联中心的客服电话"95516"转入"人工服务台"，查清诈骗账户的银行卡账号、开户银行和开户地点；接着拨打归属银行的客服电话，根据语音提示输入被诈骗账户的银行卡账号，并在提示输入密码时重复错误输入 5 次即可冻结 24 小时。网上银行也可以使用相同的方法对被诈骗账户的银行卡账号进行操作，冻结该银行卡在网上进行转账的操作。

3. 可在紧急冻结诈骗账户的同时，立即携带有与诈骗分子聊天记录或截图的手机前往附近的派出所报案。

4. 紧急报案后，需要提交以下补充材料：（1）证明犯罪分子虚构事实或者隐瞒真相，使自己陷入认知错误的证据。如与犯罪分子沟通过程中的电话录音、微信聊天记录、短信、邮件，与犯罪分子在电话或网络即时聊天软件中的聊天记录，犯罪分子为实施诈骗所准备的各种书面证据等。（2）证明自己已经向犯罪分子交付财物的证据，如微信或支付宝等转账记录、银行流水等。另外，特别提醒：发现自己被诈骗后，切勿删除诈骗 APP，不要随意删除有关账号及其记录，不要随意删除与犯罪分子的聊天记录，报案成功后，积极配合公安机关开展侦办工作。

5. 留意公安机关出具的回执，并妥善保存。公安机关的回执将会反映案件的受理情况，一般来说，报案人会接触报警回执、受案回执、立案回执三类文书。只有收到立案回执，才能证明办案单位正式立案调查，刑事诉讼程序已经启动。若未收到公安机关的有关回执，报案人应该及时考虑通过立案监督程序促进公安机关立案侦查。

6.报案完成后，要学会自我冷静。可以请家人或朋友帮助梳理被诈骗全过程，包括与诈骗分子联络的过程和时间线、转账的过程等。若发现一些重要线索，可能有助于破案，可再次到派出所补充材料。

第二步，下载并安装"国家反诈中心"APP。

"国家反诈中心"APP是由中华人民共和国公安部刑事侦查局创设的官方平台，集报案助手、线索举报、诈骗预警提示、反诈宣传等多种功能于一体，可以帮助用户预警诈骗信

国家反诈中心 APP

息、快速举报诈骗内容、高效提取电子证据、了解防骗技巧，提升用户的识骗、防骗能力。其功能类似于计算机的杀毒软件，我们安装任何杀毒软件并不能保证计算机 100% 不中病毒，只能保护其尽量免受病毒侵扰。假如有最新的病毒入侵，可能杀毒软件无法识别，但是计算机用户提交了病毒样本，之后只要更新杀毒软件就可以识别并查杀了。同理，安装"国家反诈中心"APP 并不能 100% 让我们避免被诈骗，但是能够保护我们尽量不被诈骗。与此同时，我们还可以经常浏览 APP 上的新闻和最新诈骗手法等，提升自己的识骗、防骗能力。

如果我们有良好的上网习惯，了解病毒是什么，同时安装了杀毒软件，计算机中毒的可能性就极低了，三者缺一不可。

我们都经历过计算机中病毒的情况。有些用户自认为是计算机高手，从来不安装杀毒软件；有些用户自以为有良好的上网习惯，也不安装杀毒软件；还有些用户自认为计算机安装了杀毒软件就万事大吉，随意下载各类软件，这三种情况无疑都可能导致计算机中招。

同理，如果我们有良好的上网习惯（不点不明链接、不扫不明二维码、不接不明电话等），对诈骗类型及其本质有深入的了解，并且安装"国家反诈中心"APP，那么就可以大大降低被诈骗的概率。

大部分受害者在被诈骗之前，从未意识到自己有被诈骗的可能。直到今天，到处充斥着"国家反诈中心"APP 无用论，诈骗分子在网络上兴风作浪，让人哭笑不得的是，后面有无数无知的民众跟风。比如，网上和现实中不乏"'国家反诈中心'APP是国家为了收集公民个人信息"的言论。人类社会已经进入大数据时代，我们每个公民的个人信息早已存储在国家相关单位。但是即使我们有违法犯罪行为，国家任何单位也不可以调用相关数据作为直接或间接证据，并且要调取这些数据相当困难，与调取个人身份信息有本质区别。这些争议和谣言无疑导致更多人上当受骗。

有人接到96110的来电，认为国家在对我们实施监控，实则不然。一般情况下，是国家反诈中心的服务器通过大数据分析对我们的行为做出判断，大数据中心自动下发到相应反诈中心或辖区派出所，进而联系受害者。

我们经常见到一些报道：某辖区派出所的警察多次走访正在被诈骗的受害者，但是受害者认为警察是在阻拦他的"发财"之路，甚至有的受害者在被诈骗的过程中，警察上门十余次，受害者均自称在与亲戚进行投资，最终被诈骗。

"国家反诈中心"APP从推行至今，有无数安装之后卸载接着被诈骗的例子，这些受害者来自各行各业，包括一些行业的专业人士，这些人在我们的认知中根本不可能被诈骗。

以下是"国家反诈中心"APP的下载、安装和使用要点：

1. 在手机应用商店搜索"国家反诈中心"，下载并安装。

2. 根据"国家反诈中心"的提示，设置常驻地区、个人身份认证等信息。

3. 注册登录成功后，开启"来电预警""短信预警""APP

预警"。

4.遇到诈骗可以选择"我要举报",若被诈骗可以选择"报案助手",还可以经常浏览"骗局曝光"。

第三步,如果被大额诈骗,应该有计划地偿还借款和贷款。

每一个被大额诈骗的受害者都有一把辛酸泪。不仅所有积蓄被骗子榨干、榨尽,而且在其引诱下,受害者通过自己的人情和信用换来负债累累的恶果。面对一笔笔欠款,想到被严重

透支的人生，无数次回忆起没被诈骗之前的生活，受害者往往陷入自责、抑郁的状态，不知该如何应对即将到来的讨债和催收。无论如何艰难，受害者都需要快速调整自己，勇敢地面对这一切，通过踏实的工作还完自己的过错导致的欠款。

按照资金来源，受害者的欠款大致可以分为人情借款、信用卡贷款、网络贷款等。一般情况下，我们可以按照一定顺序有条理地进行还款：

首先，偿还人情借款。俗话说："人情大于债，头顶锅儿卖。"欠什么都不要欠人情。如果人情借款暂时无力偿还，应与借款人讲明情况。很多受害者担心坦承被诈骗的真相会被他人看不起，特别是一些难以启齿的骗局。这种情况下，受害者可以换一个角度考虑问题：自己被骗最主要的原因是诈骗分子设置骗局，如果我们借钱的时候，本着真诚的心将实情告诉亲友，是否有避免被诈骗的可能？退一步讲，只要未来认真努力，这一点错误打不垮你，只会让你更坚强。

其次，偿还信用卡贷款。受害者报案完成后，公安机关会出具立案回执或告知书。受害者可以以此为凭证，与银行说明自己被诈骗的事实，并表明一定会偿还贷款，请求银行不起诉。同时与银行协商具体的还款额度、还款日期以及周期等。银行一般会选择停卡不停息。

最后，偿还网络贷款。先与上征信的网贷平台进行协商，协商方式与上述同银行协商的方式一样。对于不上征信的网贷平台，可以放到最后处理。

借 / 贷款还款逾期后，受害者一般会接到银行、网贷平台的催收电话，应耐心与相关方沟通，说明自己的实际情况，承诺一定会还款。

很多情况下，网贷追债方会给受害者的亲友拨打骚扰电话。此时，受害者需要向被骚扰的亲友详细说明情况并致歉；如果有必要，可以选择报警。

总之，受害者被电信诈骗后需要端正心态，积极主动寻求解决问题的方法，最重要的是更加努力地工作赚钱还款。

被诈骗后的心理重建

反诈防骗重要，受害者被诈骗后的心理疏导和心理重建也很重要。

人在发现自己被诈骗后，往往会在一段时间里继续沉浸在骗子营造的幻境之中，骗子通过打造人设、设置骗局、编织话术等给受害者描绘了"美好的未来"，让受害者对自己的明天充满希望，使受害者对诈骗分子极度信任，最终导致他们不敢相信眼前发生的一切才是真实的，难以面对现实。

尤其是"杀猪盘"诈骗的受害者，骗子虚构人设，为了与受害者沟通进行话术设计，给受害者提供全方位"无微不至"的关怀，给受害者输入错误的投资理财观念、错误的行业常识，再给受害者营造虚幻的、美好的未来，最终导致其被诈骗时，根本无法分辨。一般来说，受害者发现被诈骗，是因为突然发现自己已经身负巨额债务。

此时，受害者对诈骗分子的深度信任还在，对自己的未来还充满希望，突然之间一切都没有了，这种不真实感让受害者仿佛在做梦一般。不少受害者不愿相信之前的一切都是虚假的，是骗局，还抱着一丝不切实际的幻想，认为自己可以去挽回一些什么，包括感化诈骗分子，甚至找到他，因此发生了很多二次诈骗。

当受害者从梦境中逐渐醒来，认识到自己确实被诈骗了，心里往往充满愤怒、羞耻、愧疚、迷茫、后悔、恐慌、焦虑、

抑郁等各种负面情绪。而这些负面情绪的根本来由，是受害者的自我怀疑，觉得自己很笨很傻，认为一定是自己的智商有问题，为什么自己会被这么"简单"的骗局迷惑？于是，不断复盘被诈骗的过程，以及骗子暴露出的蛛丝马迹，心里无数次地假设：如果自己当时怎样做了，就不会导致事件的发生；如果自己当时认清这件事，就可以彻底扭转结局；如果自己当时不犯错，现在就不会如此痛苦……长期处在这些负面情绪之中不及时疏导，极易患上抑郁症。

实际上，被诈骗与智商并没有关系，而与认知有关。对抗自我怀疑的首要任务是接受现实、正确认知。当你能够意识到这一点的时候，就是向心理重建之路迈出了珍贵的第一步。

未知是恐惧的根源，而无知是不幸的根源之一。正如人处在黑暗的环境里会感到恐惧，但是如果他能够努力适应，认真看清周围的环境，黑暗自会退去，恐惧会逐渐消失。

你首先要知道的是，你所面对的不是一个骗子，而是整个庞大且专业的诈骗集团。与你沟通的全部过程，乃至每一句话，都经过"千锤百炼"，是诈骗集团总结出来的最"精华"的话术技巧。除了直接与你接触的诈骗集团外，其上下游还附着有好几个专业团伙。在网上流传有一句无奈的调侃："诈骗手段量身定制，总有一款适合你。"面对如此系统的、"量身定制"的骗局，不被诈骗当然最好，被诈骗也是很正常的事情。同时，每个人都有自己的需求，当认知能力无法平衡这些需求的时候，就很容易掉入骗子的陷阱。

很多受害者被诈骗后最困扰自身的问题之一，即是否向家人、朋友坦承自己被诈骗的事实，老陈的建议是肯定的。

当你觉得自己一人无力承担诈骗带来的心理和现实压力时，要学会向家人、朋友寻求帮助，向他们坦承真相，并致以歉意；如果你认为家人或朋友不是合适的倾诉对象，建议找一个经历和见识较多、心理较为强大的人进行沟通交流，最好是心理医生。当然，一定要确定其身份，谨防再次落入骗子的圈套。

在这里，老陈呼吁所有受害者的家人和朋友，请多给受害者一些关爱。受害者不是外人，而是你们的亲人、朋友，应当给予鼓励、给予温暖，帮助他顺利走出黑暗，渡过难关。只有关键时刻，才能真正体现亲情、友情和爱情的珍贵。

为什么电信诈骗会导致那么多家庭和社会悲剧的发生？很多情况下是家人、朋友等对受害者的不理解造成的。在他们心理本就非常脆弱无助的时候，家人、朋友仍然毫无顾忌地对其大加埋怨、指责或嘲讽，这些埋怨、指责、嘲讽非但不会有任何正面效果，反而可能成为压死骆驼的最后一根稻草，酿成不可挽回的悲剧。不要等到悲剧发生才后悔不已。

从根本上来说，受害者最应该做的是鼓足勇气、自我坚强，积极主动报案，积极主动处理负债，在认清被诈骗事实的同时，接受来自他人的批评。无论这些批评是善意还是恶意的，都需要去经历这一"阵痛期"，才能真正地拨云见日。假如一直不敢直面现实、直面自己的错误，及其带来的相关后果，或认为我们应该慢慢去治愈诈骗带来的伤痛，那么被诈骗后产生的心理负担有可能持续数年甚至数十年。受害者一定要有心理准备，被诈骗后一两年内，各种烦心事会不断出现在自己身边，都需要我们勇敢去面对。

寻找和总结自己被骗的原因，是受害者需要迈出的第二步。

当你能够接受被骗的事实，从后悔、自责等情绪当中走出来时，应该认真思考这一问题："我为什么会被骗？"无论前期如何安抚自己，既然被骗，甚至被骗走较大金额，主要的原因和责任都在我们自己身上，这是不可否认的。以下列举一些主要的、明显的原因：

第一，受害者之所以被骗，是因为对社会负面事物认知不足，把在网络中与他人沟通等同于在现实中与他人沟通。

第二，与受害者接触之初，诈骗分子就带有极强的目的性，且在沟通过程中根据受害者的认知分析其弱点，并据此编织故事、描绘场景，取得受害者的信任。就算受害者没有所谓的弱点，诈骗分子也会勾起受害者的贪念。

第三，过于自以为是，对财务风险和债务承担能力没有清楚的认知。受害者在进行巨额转账之前，没有和家人进行沟通交流，甚至后期与亲戚、朋友借钱，向银行贷款平台，求助于网贷，仍然没有告诉任何人，面对沉没成本继续麻痹自己，认为这笔钱转过去，之前的钱就一定能失而复得。这一过程中，受害者与家人、朋友的生活状态及相处模式都值得反思。

第四，生活在信息时代，却不关注这个时代正在发生的事情，或以"事不关己"的态度对待，对各类反诈宣传不闻不问，认为那些都是新闻中才会发生的事情，距离自己很遥远，肯定不会发生在自己身上。

总之，无论你是否能寻找和总结出被骗的真正原因——找到了自然最好，找不到也可以坦然一点，自嘲一句："可能这是上辈子欠下的债。"我们要的结果无非是让自己放下，让自己的心情变好。当人的心情轻松、愉快、平静时，觉知事物的范围更广泛，生活、工作、为人处事会更加积极向上，人自然而然会向好的方向发展；而当人自责、痛苦、躁动时，情绪会遮蔽认知的天空，生活、工作、为人处事也相应地会受到不良影响，久而久之，祸不单行。

现实中就有很多这样的例子，越是心情不好，越是混乱焦虑，错误地认为公安机关破不了案，得自己去想办法，继而上网去找能追回损失的律师、黑客、安全专员等，结果继续上当受骗。

尝试用感恩的心看待自己被诈骗的遭遇，这是受害者需要迈出的第三步。

被骗之后，受害者可能会说："我怎么这么倒霉？这种事为什么让我碰上了？"实际上，当人生行进到一定阶段，蓦然回首时你会发现：无论是好事还是坏事，人生所经历的每件事都是有意义的，都要学会感恩。

遇到的好事会带给你快乐幸福，遇到的坏事会带给你经验教训，这些经验教训都有可能成为你日后成功的基础，关键在于你如何看待。

我们一生中要感恩两种人，第一种是帮助我们、对我们有恩的人；第二种是害过我们的人。前者自不必说，而如果没有这些害过我们的人，我们永远不知道摔到谷底有多么痛，我们也不会试图改变自己，永远不会有真正的进步。

不经历风雨，人们永远不会知道人生的黑暗与痛苦，更不知道自己身上有多么强大的力量。唯有困境来临，这一力量才会真正地被激发出来，被诈骗无疑是改变自己的重要契机。

此外，老陈不建议受害者被诈骗后去加入类似讨债群、受害者群之类的群组。毫不夸张地说，这些群组是有百害而无一利的。群里全部是受害者，受害者只有一个想法：我的钱什么时候能回来？在损失大概率无法挽回的情况下，群里时刻弥漫着负能量。而受害者在被诈骗后，经济损失可能极其严重，不过积极主动地处理，终可解决，但是心理的创伤可能在这类群里面得到一次又一次的加深，最后可能导致终生都无法痊愈。此外，这对解决实际的经济损失的问题，并无实质上的帮助。

同时，这些群组又是诈骗分了潜伏的地方，他们往往比受害者伪装得更像受害者，因为他们比谁都了解受害者，普通的人是无法分辨的。很多类似的群组中都有诈骗分子伪装成受害者长期潜伏，伺机而动，诱导受害者与之主动联系，对其进行二次诈骗。很多受害者认为自己被诈骗一次之后，就能识别所有的骗了，实则不然。

与其将 99.99% 的精力寄托在 0.01% 的希望上，不如将其投入到回报更加明确的工作和事业中去，为自己创造更光明的未来。